dtv

»Letzten Abend mit Monsieur, aber so kühl. Platonisch geschieden. Mit Erleichterung wieder hier hinaus. So möchte ich's immer, Einsamkeit … und dazwischen ein schöner Rausch.«
*Franziska zu Reventlow*

»… jede Woche ein kleiner Straßenkampf«
*Sándor Márai*

»Alles, was ich sehe, kommt mir vor wie ein Traum.«
*Fjodor Iwanowitsch Tjutschew*

»Schwabings Stunde heißt Illusion. Dieser Stadtteil hat die Weite, die Dehnbarkeit eines Kontinents.«
*René Prévot*

»Ein liederliches, sittenloses Nest voll Fanatismus, Grobheit, Kälbertreiber, voll Heil'genbilder, Knödel, Radiweiber …«
*Gottfried Keller*

»Ich stand vier Tage kopf. Keiner sagte mir, dass Fasching bis Aschermittwoch dauert.«
*Freddie Mercury*

»Paris ist eine Frau, München ist Bier.«
*Fürst Schtscherbatow*

»Seichtes kümmerliches Leben. Kleingeisterey, am liebsten bin ich unter jungen Malern, die besser aussehen als ihre Bilder.«
*Heinrich Heine*

»Sogar die nobelsten Damen gehen ins Kaffeehaus und trinken da – nicht Kaffee, sondern so zum Spaß eine Maß Bier oder zwei.«
*Gottfried Keller*

*Elisabeth Tworek* schrieb ihre Doktorarbeit über den bayerischen Roman in der Weimarer Republik und war freie Mitarbeiterin beim Bayerischen Rundfunk. Seit 1994 leitet sie die Monacensia, das Literaturarchiv der Stadt München mit München-Bibliothek. Zahlreiche Veröffentlichungen und Features zur Literatur in Bayern und zu Ödön von Horváth, unter anderem ›Spaziergänge durch das Alpenvorland der Literaten und Künstler‹.

# *»... und dazwischen ein schöner Rausch«*

Dichter und Künstler aus aller Welt in München

Von
Elisabeth Tworek

Mit zahlreichen Farb- und Schwarzweißabbildungen

Deutscher Taschenbuch Verlag

Das Buch entstand begleitend zur gleichnamigen Ausstellung vom 2. Juni bis 25. Oktober 2008 in der Monacensia, dem Literaturarchiv der Stadt München. Die Ausstellung wurde finanziell unterstützt von der Versicherungskammer Bayern und der Arbeitsgemeinschaft Literarischer Gesellschaft und Gedenkstätten (ALG).

Mit freundlicher Unterstützung des Münchner Stadtmuseums und des Stadtarchivs München.

Originalausgabe
Mai 2008

www.dtv.de

Umschlagkonzept: Balk & Brumshagen
Umschlagfotos: Monacensia. Literaturarchiv und Bibliothek (Im Garten
des Hofbräuhauses München) /gettyimages/Jeff Hunter (unten).
Layout: Stefan Krickl, München
Redaktion, Innengestaltung und Satz: Verlagsbüro Lektyre, Olaf Benzinger, Germering
Gesetzt aus der Trajanus 11/15°
Druck und Bindung: Firmengruppe APPL, aprinta druck, Wemding
Gedruckt auf säurefreiem, chlorfrei gebleichtem Papier
Printed in Germany
ISBN 978-3-423-34479-1

# Inhalt

Dachaw
Amber fl.
Ausin
gefill
Wirm fl.
Iser fluß
München
Perlacher
haid
Sentling
Harlaching
Perlach
Vogenhausen
Gauting
Starnberg
Schöfftlarn
Wirmse

*»Letzten Abend mit Monsieur, aber so kühl. Platonisch geschieden. Mit Erleichterung wieder hier hinaus. So möchte ich's immer, Einsamkeit … und dazwischen ein schöner Rausch.«*
Franziska zu Reventlow

# Prolog

## München von außen

Wie empfängt München einen Besucher aus einer anderen Stadt, einem anderen Land oder Kontinent, der zum ersten Mal hierher kommt? Der möglicherweise die deutsche Sprache nicht beherrscht oder die Eigenheiten des Münchner Dialekts nicht versteht? Der sich in den vorgefundenen Sitten nicht zurechtfindet? Andersherum gefragt: Was ist der erste Eindruck des fremden Besuchers, wenn er am Hauptbahnhof aus dem Zug steigt oder auf dem Flughafen draußen vor der Stadt landet? Was ist für ihn völlig neu? Was erstaunt ihn? Was bringt ihn zum Kopfschütteln? Was macht ihn neugierig darauf, mehr von München und den Münchnern zu erfahren?
München ist vielfach von literarischen Größen beschrieben worden: von Thomas Mann, Karl Valentin, Oskar Maria Graf, Annette Kolb, Lion Feuchtwanger, Lena Christ, Frank Wedekind, Carl Amery,

Herbert Achternbusch, Franziska Gräfin zu Reventlow, die dem vorliegenden Buch den Titel gab, und vielen mehr. Sie sind in München geboren, aufgewachsen oder haben einen Teil ihres Lebens dort verbracht. Sie gehören zu dieser Stadt wie die klassizistischen Bauten und das Bier. Die Stadt erschloss sich ihnen von innen. Das, was diese Stadt für sie ausmachte, hielten sie in ihren Texten fest. Zum Teil wurde daraus Weltliteratur. Das vorliegende Buch nimmt einen Perspektivenwechsel vor und schaut von außen auf München. Bis zur Gründung des Deutschen Reiches 1871 stammt diese Außenansicht von Nichtbayern, von Literaten und Künstlern also, die als Reisende aus nahen oder fernen Fürstentümern in die Stadt kamen. Nach der Reichsgründung habe ich mich auf Nichtdeutsche beschränkt. Deren Eindrücke, Erlebnisse und Erfahrungen sind fremde Blicke auf die Stadt; sie können die eigene Sichtweise hinterfragen und erweitern. Das vermeintlich bekannte München erscheint in einem ganz neuen Licht.

Manchmal ist dieser Blick, selbst wenn er von kritischen Künstlern und Literaten stammt, ein Blick auf eine wunderschöne Kulisse. Der Beschauer zeigt sich geblendet vom schönen Schein der Stadt. So erging es dem französischen Schriftsteller Dominique Durandy, der nach seinem Aufenthalt 1910 meint: »München ist das Lächeln des strengen und stillen Deutschland. Man atmet freudig auf in dieser schönen, eleganten Stadt. Auf allen Straßen herrschen Frohsinn und Heiterkeit.« Anders nahm zeitgleich ein Gast aus Japan München wahr. Er registrierte vor allem Dinge, die in seiner eigenen Kultur tabuisiert waren: »Liebespaare, wie sie in Deutschland allerorts zwanglos verkehren, trifft man in Japan nicht an.« Der amerikanische Schriftsteller Thomas Wolfe war bei seinem München-Aufenthalt von der Fülle an dargebotenen Köstlichkeiten angetan, »von Würsten jeder Form und Sorte, bei denen mir buchstäblich das Wasser im Munde zusammenlief, von Käse, köstlichem Braten, geräucherten Schinken und hohen, schlanken Weinflaschen«. Als Vegetarier oder Muslim hätte er dieses Schlaraffenland anders wahrgenommen.

Lange bevor es in Diskotheken die egalisierende Rockmusik gab, wurde Fremden und Einheimischen auf dem Tanzboden sehr schnell klar, wie unterschiedlich sie sich zur Musik bewegten. Der englische Schriftsteller D.H. Lawrence sah auf einer Wanderung in den bayerischen Alpen einem Bauernburschen beim Tanzen zu. Es war ein Blick in eine ihm bisher verschlossene, archaische Welt. »Wie kräftig und muskulös er war, das grobe männliche Tier mit seinen großen, neugierigen blauen Augen! Er packte sie mit seinen großen Händen unter den Brüsten und warf sie im Augenblick des Tanzhöhepunktes in die Luft und stampfte wie ein Stier mit seinen großen beschuhten Füßen. Und Johanna stieß einen bewusstlosen Schrei aus, wie ihn eine Frau auf dem Höhepunkt der Umarmung ausstößt.« Dichterkollegen, die viele Jahrzehnte oder für immer in München blieben, lernten neben der Schokoladenseite auch die Schattenseiten ihrer zweiten Heimat kennen: »Die Münchener Bürger kümmerten sich nicht um Politik, und ihr ererbter Liberalismus äußerte sich nicht im Freihandel, sondern in einer Duldsamkeit gegen den Rausch, die Besoffenen. Freie Bahn dem Besoffenen, das war die Parole« (Ödön von Horváth).

Die Literatur entführt in fremde Welten, sie ermöglicht es, beim Lesen in fremde Gefühle, Erfahrungen und Gedanken einzutauchen. Das bereichert das eigene Leben und macht neugierig. Beim vorliegenden Buch ging es nicht darum, möglichst viele München-Besucher aus Kunst, Musik und Literatur aufzulisten. Vielmehr wollte ich in Zitaten aus ihren Tagebüchern, Briefen, Autobiografien, Romanen, Theaterstücken und Essays eine Welt einfangen, die heute größtenteils für das Auge nicht mehr sichtbar ist. In Kombination mit zeitgerechten Abbildungen entsteht eine Welt, die nur noch in Kunst und Literatur existiert. Zitate und Bilder legen die verschiedenen historischen Schichten Münchens frei, die sich wie Segmente übereinander abgelagert haben. Diese lebendige Auseinandersetzung mit der Stadt holt eine längst verlorene Zeit wieder ans Tageslicht und verleiht dem nächsten Stadtspaziergang Profil und Tiefe.

Aus Platzgründen musste ich aus der Fülle an weltbekannten München-Besuchern exemplarisch und intuitiv auswählen. Jedes Zitat ist ergänzt um die Jahreszahl, wann es entstand bzw. wann der Schreibende in München war. Die exakten Quellen dieser Zitate entnehmen Sie neben weiteren ergänzenden Angaben dem Verzeichnis im Anhang.

*»Glücklich und vergnügt war meine Ankunft!«*
Wolfgang Amadeus Mozart

# Ankommen

## Der erste Blick

Was bekam der französische Philosoph Michel de Montaigne zu sehen, als er sich am 20. Oktober 1580 gegen Mittag vom Westen her München, »der Kapitale des Herzogtums Bayern« näherte? Von weither zeigte die Silhouette der umfriedeten Stadt viele verschiedene Türme: die charakteristischen Doppeltürme der Frauenkirche, die Kirchtürme von Heiliggeist und Sankt Peter, den Turm des Alten Rathauses sowie den gerade fertig gestellten Roten Turm an der Isar. Montaigne schätzte die Stadt auf »etwa so groß wie Bordeaux«, wo er lebte. München hatte damals gerade einmal 20 000 Einwohner in 1265 »Behausungen«. »In unseren Münchner Zimmern hatten die Betten zwar Vorhänge, aber keine Baldachine. Doch wirkt alles insgesamt sehr sauber. Sie bohnern die Fußböden mit heißer Sägemehlwichse.« Am nächsten Tag verließ die Reisegruppe in aller Frühe die Stadt durch das Isartor. Die Kutsche rollte über die hölzerne Isarbrücke und nahm den Weg entlang der Isar flussaufwärts in Richtung Königsdorf, wo man am Abend Quartier nahm. Erst am übernächsten Tag kam Montaigne mit seinen Gefolgsleuten in Mittenwald an. Wie Goethe auf seiner ›Italienischen Reise‹ wählte bereits Montaigne die Route über den Kesselberg. Erst seit 1492 gab es diese kürzeste Handelsverbindung zwischen München und Mittenwald. Der zuvor holprige Saumpfad vom Kochelsee hinauf zum Walchensee war durch Felsdurchbrüche zu einer richtigen Straße mit neun Kehren ausgebaut worden. Auf seiner Reise nach Italien war Montaigne als Forschungsreisender unterwegs, der Sitten, Gebräuche, Essen, Landschaft und Leute erkundete. Ganz anders sein Zeitgenosse Orlando di Lasso. Der Komponist und Hofmusiker am Hofe Herzog Albrecht V. in München wollte an den europäischen Höfen Musik machen und eilte mit seiner Kutsche auf dem schnellsten Weg von einem Konzert zum anderen.

Zweihundert Jahre später nahm der gräfliche Bibliothekar Giacomo Casanova auf seiner Fahrt von Venedig nach München bereits die Postkutsche. Sie verkehrte regelmäßig auf festen Routen mit festen Haltestationen, den sogenannten Posthaltereien. Dort wurden die Pferde gewechselt und versorgt. Die Reisenden bekamen etwas zu essen und, je nach Geldbeutel, eine Schlafgelegenheit zugewiesen. Bei Tagesanbruch ging es weiter. Die »fahrende Post« transportierte zunächst nur Briefe und Pakete, zu Casanovas Zeit nahm sie bereits Personen und Reisegepäck mit. Gemeinsam mit einem lasterhaften Mönch war Casanova die Flucht aus den vermeintlich ausbruchsicheren Bleikammern seiner Heimatstadt Venedig geglückt. Auf dem Weg nach Paris machten die beiden Scharlatane am 1. November 1756 in München Station. Das Reisen in der Postkutsche muss damals ausgesprochen strapaziös gewesen sein, das belegt auch Mozarts Brief vom 8. November 1780 an seinen Vater. Mit knapp sechs Jahren hatte Mozart zum ersten Mal München gesehen. Am 12. Januar 1762 war er mit seinen Eltern und der zwölfjährigen Schwester Maria Anna von Salzburg aufgebrochen. Die Fahrt mit der Postkutsche nach München dauerte etwa 22 Stunden mit Zwischenstation in Wasserburg. München war im Juni 1763 die erste Etappe der dreieinhalbjährigen Konzertreise kreuz und quer durch Europa, wo Leopold Mozart seinen Jungvirtuosen den europäischen Höfen präsentierte. Diese Reise war für den äußerst geräuschempfindlichen Wunderknaben sicher eine einzige Qual, wenn sie auch den Mythos vom göttlichen, die Welt bezaubernden Wunderkind begründete.

Der dänische Schriftsteller Hans Christian Andersen war erstmals 1834 in München, ein Jahr bevor die erste Fahrt der Dampflok auf der sechs Kilometer langen Eisenbahnstrecke zwischen Nürnberg

und Fürth den Reiseverkehr in Deutschland revolutionierte. Als Andersen im Herbst 1840 wieder nach München kam, hatte er die Möglichkeit, in nur zweieinhalb Stunden mit der Eisenbahn von München nach Augsburg zu reisen. Der erste Streckenabschnitt bis Lochhausen im Westen Münchens wurde am 1. September 1839 in Betrieb genommen. Der russische Diplomat und Schriftsteller Tjutschew war dabei, als wenige Tage vor der offiziellen Eröffnung die Dampflok mehrmals zwischen dem hölzernen Bahnhofsprovisorium am Marsfeld und dem stillen Dörfchen Lochhausen verkehrte. Die Extrafahrt einfach dauerte 25 Minuten und war ein Werbegeschenk an die Münchner Bürger. Bereits wenige Jahrzehnte später verband ein gut funktionierendes Bahnnetz die großen und kleinen Städte Europas.

Als das hölzerne Bahnhofsprovisorium 1847 abbrannte, wurde der Münchner Bahnhof an seine heutige Stelle verlegt. 1849 konnte der von Friedrich Bürklein entworfene Zentralbahnhof mit der mächtigen hölzernen Einstiegshalle in Betrieb genommen werden. Dort verließ der Schweizer Schriftsteller Gottfried Keller 1874 auf der Heimreise nach Zürich nach achteinhalb Stunden Fahrzeit bequem den Zug aus Wien. München hatte jetzt bereits über 193 000 Einwohner. Nach den Erweiterungen in den Jahren 1876 bis 1884 galt der Bahnhof im Renaissance-Stil mit einer nun von einer Eisen-Glas-Konstruktion gehaltenen vierschiffigen Gleishalle als Inbegriff des modernen deutschen Großstadtbahnhofs. Er war der erste Eindruck, den der griechische Schriftsteller Antonios Sigalas gewann, als er 1910 zum Studieren in München eintraf. Mit der Pferdedroschke, die auf dem Bahnhofsvorplatz auf ankommende Reisende wartete, begab er sich in sein Quartier. Ein Brief des englischen Komponisten Edward Elgar an seine Neffen verrät, wie

fremd den Nichtmünchnern 1892 das Droschkenwesen vorkam. Man konnte zwischen der Fahrt mit dem Einspänner und dem Zweispänner (Fiaker) wählen. Die erste Viertelstunde mit dem Einspänner kostete siebzig Pfennige, jede folgende Viertelstunde fünfzig Pfennige. Der Zweispänner war gut doppelt so teuer. Der junge Franz Kafka und sein Freund Max Brod wählten im März 1911 bei ihrer Spritztour durch München bereits die »Taxometerdroschke«. Auf einer gemeinsamen Reise von Prag nach Zürich, Luzern, Lugano und Mailand nutzten sie den Zwischenhalt von nur einer halben Stunde für eine Stadtbesichtigung. Eingepfercht in ein Taxi, rasten sie in nur zwanzig Minuten in atemberaubendem Tempo durch das verregnete München.
Mit der Eröffnung des Flughafens Riem im März 1955 bekam der Bahnverkehr gewaltige Konkurrenz aus der Luft. Schon bald war die Millionenstadt München mit der ganzen Welt verbunden. Als der Amerikaner Jonathan Franzen und die Japanerin Miki Sakamoto Mitte 1970 nach München zum Studieren kamen, betraten sie am Flughafen Riem europäischen Boden. Gut zwanzig Jahre später landete der ungarische Nobelpreisträger Imre Kertész auf einem Inlandsflug bereits auf dem hochmodernen Flughafen München II bei Erding, der 1992 den veralteten Flughafen Riem abgelöst hatte, und nahm die S-Bahn zum Marienplatz. Die Welt war in nur 150 Jahren immer enger zusammengewachsen.

Am nächsten Morgen, welches ein Donnerstag, 20. Oktober, war, reisten wir weiter durch eine große, mit Getreide bestandene Ebene (denn Wein gibt es dort gar keinen), darauf durch eine Grassteppe, die sich ausdehnte, so weit der Blick reichte, und kamen zum Mittagessen nach München, vier Meilen davon, einer großen Stadt etwa im Umfang von Bordeaux, Hauptstadt des Herzogtums Bayern und erster Residenz am Ufer der Isar, Ister. Sie hat ein schönes Schloss und schönere Stallungen, als ich je in Frankreich und Italien gesehen habe, gewölbt und zur Aufnahme von zweihundert Pferden bereit. Es ist eine stark katholische, bevölkerte, schöne und handelsreiche Stadt.

*Michel de Montaigne, ›Tagebuch einer Reise durch Italien, die Schweiz und Deutschland‹, 1580*

München von Osten.
Die älteste Stadtansicht,
1493; Holzschnitt aus
Schedels ›Weltchronik‹.

Blick auf München, 1842.

Ich kam am 3. Juli in München an. Es ist eine schöne Stadt: Die Straßen sind breit und schön; die Häuser ziemlich wohlgebaut. Sie liegt an der Issel (!), die in die Donau mündet. Das Klima dort ist gemäßigt: Im Herbst ist es schöner als zu jeder anderen Jahreszeit.

*Charles de Montesquieu, ›Voyages de Montesquieu publiés par le Baron Albert de Montesquieu‹, 1729*

Schon am frühen Morgen sind wir aufgebrochen, ohne zu essen oder zu trinken. Der Regen hat uns Gesellschaft geleistet bis zum schönen München. Heute Abend werden wir es uns weiß Gott in meinem Garten wohlsein lassen, wir wollen reden, wie uns der Schnabel gewachsen ist, und auf meinen Herrn Wilhelm trinken. Was weiter werden wird: E.F.G. werden von Eurem Herrn Almosenier hundertprozentig die Kosten zurückerstattet bekommen – aus dem Munde des Weisen fließt Honig. Ich würde gewiss ausführlicher schreiben, aber es ist jetzt sozusagen Zeit zur Vesper zu Ehren des Hosenlatzes und ich kann nicht umhin, den Niederlanden meiner Frau einen kleinen Besuch abzustatten. Denn allzu lange habe ich nicht mehr gevögelt – und das ist natürlich, nicht schön zwar, aber vergnüglich und würzig wie Johannisbeeren. Ich will sie gleich besteigen. Gehabt Euch wohl, Herr! Aus München, Samstag, drei Uhr nach dem Essen: im Monat Juli 1572

Untertäniger geringster Diener

Orlando Lasso

*Orlando di Lasso an Herzog Wilhelm in Landshut, 1572*

Wir nahmen die Post und kamen am dritten Tage in München an, wo ich im Gasthof zum »Goldenen Hirsch« abstieg. Ich fand dort zwei junge Venezianer. Da ich jedoch nicht mit ihnen bekannt und nicht mehr darauf angewiesen war, unterwegs Eremiten zu finden, um leben zu können, so machte ich mir nicht die Mühe, sie zu besuchen und ihnen meine Aufwartung zu machen. Etwas anderes war es mit der Gräfin Coronini. Die erlauchte Dame, die damals siebzig Jahre alt war, empfing mich sehr wohlwollend und versprach mir, gleich mit dem Kurfürsten zu sprechen, um mir Schutzrecht zu verschaffen. Am nächsten Tag erfüllte sie ihr Versprechen und sagte mir, Seine Hoheit sähe keinen Grund, der ihn hindern könnte, mir den sicheren Aufenthalt in seinen Staaten zu verwehren; für Balbi dagegen gäbe es in Bayern keine Sicherheit, weil er als flüchtiger Somaske von den Münchener Somasken reklamiert werden könnte; mit Mönchen wünsche aber Seine Hoheit nichts zu tun zu haben.

*Giacomo Girolamo Casanova, ›Geschichte meines Lebens‹, 1756*

*Giacomo Casanova*

*Italienischer Schriftsteller und Abenteurer*
*1725 bis 1798*

Munic de 8 de 9bre 1780

Mon très cher Père!

Glücklich und vergnügt war meine Ankunft! – glücklich, weil uns auf der Reise nichts Widriges zugestoßen, und vergnügt, weil wir kaum den Augenblick, an Ort und Ende zu kommen, erwarten konnten wegen der obwohl kurzen, doch sehr beschwerlichen Reise; – denn, ich versichere Sie, dass keinem von uns möglich war nur eine Minute die Nacht durchzuschlafen – Dieser Wagen stößt einem doch die Seele heraus! – und die Sitze! – hart wie Stein! – Von Wasserburg aus glaubte ich in der Tat meinen Hintern nicht ganz nach München bringen zu können! – er war ganz schwielig – und vermutlich feuerrot – Zwei ganze Posten fuhr ich die Hände auf dem Polster gestützt und den Hintern in Lüften haltend – doch genug davon, das ist nun schon vorbei! – aber zur Regel wird es mir sein, lieber zu Fuß zu gehen, als in einem Postwagen zu fahren.

*Wolfgang Amadeus Mozart, Brief an seinen Vater, 1780*

Ankunftsszene in München, um 1780.

Innenhof am Rindermarkt, 1836.

Nun stand aber zwischen Kufstein und Rosenheim der Zug fast eine Stunde still, so dass ich erst nach elf Uhr in München ankam. Im Hotel Detzer mit einem anderen Reisenden eintretend, wurden wir treppauf in unsere Zimmer geführt, vier, fünf, sechs Treppen, so dass ich kaum mehr schnaufen konnte; endlich wurde der Gefährte in ein Kämmerchen gestoßen, ich aber, eine Treppe höher kommandiert, musste dort unter dem Dach durchkriechen und nun gings eine Hintertreppe wieder hinunter, fünf, sechs, sieben Treppen bis auf den ersten Stock, wo ich ein schönes, großes, wohlausgestattetes Zimmer erhielt und atemlos in ein Fauteuil sank. Ich erhielt nun die Aufklärung, dass man mir vor dem anderen Fremden nicht diesen Vorzug habe einräumen dürfen, mich aber noch wohl gekannt und wegen meiner Artigkeit und guten Sitten noch günstig im Gedächtnis bewahrt habe.

*Gottfried Keller, Brief an die Mutter, 1840*

*Edward Elgar*

*Englischer Komponist*
*1857 bis 1934*

2. August (1892)
My dear May, Madge, Clare, Gerald & Vincent,
Now we are in Bavaria, they call it »Bayern« themselves & they are such nice, friendly people & so polite. If you go by a cabstand they do not say »Cab, please« but stand & bow & take their hats off & say »Ein steer« or »zwei steer« which means one horse or two horses whichever they have. Most of the cabs have two horses, & very fat & comfortable they look. Then the postmen who drive the mailcarts about the towns have white breeches, high top boots, bright blue coats & a brass horn slung round them & a shiny hat with a great white star in them. There are no hedges at all but like an open field as far as you can see.

Meine liebe May, Madge, Clare, Gerald & Vincent,
jetzt sind wir in »Bavaria«, das sie selbst »Bayern« nennen & sie sind so nette, freundliche Leute & so höflich. Wenn man an einem Droschkenstand vorübergeht, dann sagen sie nicht »Droschke bitte«, sondern stehen da & verneigen sich & nehmen den Hut ab & sagen »ein Steer« oder »zwei Steer«, was ein oder zwei Pferde bedeutet, was immer sie gerade haben. Die meisten Droschken haben zwei Pferde & sehr fett & gemütlich sehen sie aus. Und dann die Postillione, die die Postwagen durch die Städte kutschieren, die haben weiße Hosen, hohe Stiefel, leuchtend blaue Jacken & tragen ein Messinghorn an einer Schnur um den Leib & einen glänzenden Hut mit einem großen weißen Stern daran. Es gibt überhaupt keine Hecken, sondern nur offenes Feld, so weit man sehen kann.
*Edward Elgar an seine Nichten und Neffen, 1892*

Infantrist mit klappbarem Rad, um 1900.

Freitag, der 30. Mai
Morgens auf der Polizeikammer, um ein Visum für meinen Pass zu bekommen. Die wussten nicht einmal, wo der österreichische Minister wohnte. Bei diesem hatte ich eine Art Examen. – »Sie reisen zu Ihrem Vergnügen?« – »Ja, und wegen der Bildung.« – »Sie sind ein Gelehrter?« – »Ein Dichter, dem der dänische König ein Reisestipendium gegeben hat.« – »Ihre verehrten Schriften sind ins Deutsche übersetzt?« – »Nein, mit Ausnahme von ein paar kleinen Gedichten, die Chamisso übertragen hat!« – »In welchem Fach arbeiten Sie, wenn ich mir die Frage erlauben darf?« – »Fürs Theater, sonst sind es meist lyrische Gedichte!« – Ich sah nun, wie der Mann etwas auf ein loses Blatt notierte, und meine guten Augen sagten mir: »Andersen, Gedichte, Chamisso!« – Herrgott, jetzt glauben sie, ich sei ein politischer Skribent!
*Hans Christian Andersen, ›Tagebücher‹, 1840*

*Antonios Sigalas erzählt beim Abschied aus München, wie es für ihn war, als er am 27. Oktober 1910 am Nachmittag am Münchner Hauptbahnhof ankam:*

In München bin ich mutterseelenallein angekommen, ohne von jemandem empfangen zu werden und ohne ein Wort Deutsch zu können. Meine Personalien bestanden aus einem einfachen Taufzeugnis, das ich am letzten Tage meiner Abreise von Griechenland aus Vorsicht mir hatte ausstellen lassen … Meine Wohnung hatte man mir in Griechenland auf einem Papier aufgeschrieben; diesen Fetzen zog ich am Bahnhof gleich heraus und gab ihn einem blonden Packträger, der sofort merkte, wohin die Reise führen sollte … Beim Fahren hatte ich Angst, ob der Kutscher mich wohl in die richtige Wohnung brächte. Diese Angst aber war gleich vorbei, denn wir waren in wenigen Minuten vor dem Gasthaus. Auch wusste ich schon von Griechenland her, dass der Deutsche ehrlich sei und ich nicht zu fürchten brauchte, dass es einem Kutscher in München je einfallen würde, den Fremden zuerst ein paar Mal am Ziele vorbeifahren zu lassen, um den Tarif etwas höher zu machen, wie es z. B. in Italien vielfach geschieht.

*Antonios Sigalas, ›Erinnerungen‹, 1910*

Hotel Vier Jahreszeiten, 1903.

*Franz Kafka und sein Freund Max Brod unternahmen Ende März 1911 eine Blitzfahrt durch München.*

Nur beim Freiheitsmonument mit seinen im Regen klatschenden Fontänen ist längerer Aufenthalt gegönnt … Das Deutlichste sind die unverhängten großen Fenster des Restaurants Vier Jahreszeiten, dessen Name uns als des elegantesten irgendwie bekannt war. Verbeugung eines livrierten Kellners vor einer Tischgesellschaft. Brücke über die nur geahnte Isar. Schöne herrschaftliche Villen längs des Englischen Gartens. Ludwigstraße, Theatinerkirche, Feldherrnhalle, Pschorrbräu. Dann Sendlinger Tor und zurück zum Bahnhof.

*Franz Kafka, Reisetagebuch, 28. März 1911*

Die Sonne schien hell, als Mr. Noon in seinem Schlafzimmer in der altehrwürdigen, bierbrauenden Stadt München, Hauptstadt Bayerns, Königin der lieblichen südlichen Lande Deutschlands, erwachte. Hebt nicht die Marienkirche ihre braunen, mit grünem Kupfer behaubten Zwillingskuppeln über Dächer und Paläste und blickt sich heute morgen freundlich um? … Er erwachte in einem sehr hübschen Schlafzimmer mit Parkettboden und sehr hübschen Biedermeier-Möbeln aus goldfarbenem Satinholz oder etwas in der Art, mit ein paar schönen, dunkelblau gemusterten Orientläufern auf der schimmernden Bernsteinpolitur des Parkettbodens. Er erwachte damit, dass seine Nase versuchte, über der weißen Kumuluswolke seines schwellenden, aber daunenweichen Federbetts aufzutauchen. Er erwachte damit, dass die Sonne durch das Doppelfenster kam, eine Handvoll Enzian auf seinem runden Biedermeier-Tisch sehr blau aussah und ein Dienstmädchen in dunkelrotem Baumwollkleid mit einer Tasse Acht-Uhr-Tee eintrat.

*David Herbert Lawrence, ›Mr. Noon‹, 1921*

Interieur eines Grand Hotels, um 1900.

Regina-Palast-Hotel,
die Thermen, 1930.

Als wir nach München kamen, war der Regina-Palast leer. Man gab uns eine Suite, in der Prinzen nächtigten, zu Zeiten, da Prinzen reisten. Die jungen Deutschen liefen mit finsteren Mienen durch die schlecht beleuchteten Straßen – unter den Kronleuchtern der Braustuben sprach man von harten Zeiten. Thornton Wilder nahm uns in ein berühmtes Restaurant mit, wo das Bier mit den silbernen Maßkrügen, in denen es serviert wurde, mithalten konnte. Wir betrachteten die kostbaren Zeugnisse einer verlorenen Sache – unsere Stimmen hallten im Planetarium, und wir verloren die Orientierung in der nachtblauen Konstellation des Kosmos.

*Scott Fitzgerald, ›Show Mr and Mrs F to Number‹, 1934*

*Scott Fitzgerald besuchte 1934 München und übernachtete im Regina-Palast.*

Ich war in Europa angekommen, fast schon in Deutschland und bald in München, meinem Ziel! Doch die Ankunft in München beunruhigte mich. Wo war ich gelandet? Auf einem fernen Ausweichflughafen? Irgendwo in der Provinz? Der Ankunftsort war so winzig, dass das gar nicht München sein konnte. Ach ja, »München-Riem« ist zu lesen, also ist es doch der falsche Flughafen. Wie werde ich nun zu meiner Gastfamilie kommen? Die Frau des Hauses wollte mich am Münchner Flughafen abholen, da ich privat als Au-pair-Mädchen kam. Zum Glück war es doch der Münchner Flughafen! Noch ahnte ich nicht, dass München der Einwohnerzahl nach kaum mehr als ein mittelmäßiger Vorort von Tokio war. Eine gute Million Einwohner sollte München haben – bloß! Für Tokio nahm man damals (1975) etwa zwölf bis vierzehn Millionen an … Gleich außerhalb des Flughafens fing die Stadt an. Und München blühte. Fast wie im Traum sah ich die von rosafarbenen Blütenknäueln überquellenden japanischen Zierkirschen und das leuchtende Gelb der Forsythien in den Gärten und Anlagen. Blauer Föhnhimmel darüber. Kein Smog, wie über den japanischen Großstädten. Frühlingsblumen blühten überall. »Hier gefällt es mir«, dachte ich und stellte mir vor, alle vier Jahreszeiten in München zu erleben.

*Miki Sakamoto, ›Münchner Freiheit. Fernöstliche Blicke auf die Weltstadt mit Herz‹, 2007*

Ich ging nach München, um Deutsche Literatur zu studieren, und an meinem dritten Abend dort, auf einer Party für neue Studenten, lernte ich ein geradliniges, hübsches bayrisches Mädchen kennen, das mir vorschlug, noch etwas trinken zu gehen. Ich sagte, ich sei müde, fände es aber schön, wenn wir uns ein andermal sehen könnten. Ich sah sie nie mehr wieder. Das Verhältnis von männlichen zu weiblichen Studenten in den Münchener Wohnheimen betrug 3:1. Während der folgenden zehn Monate lernte ich keine einzige andere interessante junge Deutsche kennen, die mir auch nur guten Tag sagte. Ich verfluchte mein schreckliches Pech, dass ich meine einzige Chance schon so schnell erhalten hatte. Wäre ich auch nur eine Woche früher in München gewesen, so sagte ich mir, dann hätte ich die Dinge vermutlich anders angegangen und eine tolle Freundin abgekriegt und absolut fließend Deutsch gesprochen. Statt dessen redete ich viel Englisch mit Amerikanerinnen.

*Jonathan Franzen, ›Die Unruhezone‹, 2007*

In der Diskothek, um 1980.

*John Le Carré*

*Englischer Schriftsteller geboren 1931*

Die ganze Zugfahrt zurück nach München schickt Mundy innerlich Dankgebete an Zaras geliebte jüngste Schwester, die in exakt einer Woche in ihrem Heimatdorf Hochzeit feiert … Am Hauptbahnhof angekommen, sucht Mundy als Erstes ein Lederwarengeschäft und kauft einen neuen Koffer – grün, Zaras Lieblingsfarbe –, und in dem Kaufhaus nebenan kauft er ein langes graues Kleid mit dazu passendem Kopftuch, auf das sie laut ihrer Kusine Dina … schon länger ein Auge geworfen hat. Seine nächste Station ist Zaras Kebab-Lokal. Um elf Uhr morgens geht es hier ruhig zu … Der Geschäftsführer nötigt Mundy eine Tasse Kaffee auf, und darf es auch ein Stück Schokoladenkuchen sein? Mundy sagt ja zum Kaffee, nein zum Kuchen und schlägt einen Handel vor.
*John Le Carré, ›Absolute Freunde‹, 2005*

Am Hauptbahnhof, um 1990.

Zugang zur S-Bahn am Marienplatz in den 1990er Jahren.

Als ich in Leipzig das Flugzeug besteige, herrschen, wie gesagt, blendender Sonnenschein und stürmischer Wind, in München aber erwarten mich Nebel und heftiges Schneetreiben. Trotz des unfreundlichen Wetters steige ich am Marienplatz aus der S-Bahn; mein geheimnisvoller Leipziger Gastgeber, der sich nie zu erkennen gegeben hat, ließ mir zwar ein ausgiebiges Frühstück bereitstellen, und auch im Flugzeug gab es eine Kleinigkeit, doch setze ich mich in München gleich in ein Restaurant, genieße es, meine Rechnung zu bezahlen, kaufe in einem Geschäft etwas ein, stöbere in den Regalen, überlasse mich Münchens nüchternem Kapitalismus, seiner Attraktivität, seinen – zumindest oberflächlich – transparenten Verhältnissen, wie einer, der nach einer langen Reise plötzlich wieder zu Hause ist. Habe ich auf diesen Satz zufällig einmal gesagt, München sei nicht schön? München ist wunderbar.

*Imre Kertész: ›Ich – ein anderer‹, 1998*

*»… erst beim Verdauen kann man etwas über dieses wunderbare München sagen.«*
Franz Kafka

# Übernachten

## Hotels, Gasthäuser, Pensionen

Bis Anfang des 19. Jahrhunderts war es in München wesentlich leichter als heute, eine passende Übernachtungsmöglichkeit zu finden. Das Angebot war überschaubar. Der Münchenbesucher konnte zwischen 24 Weingasthöfen wählen, die neben dem Weinausschank und der Verköstigung das alleinige Privileg hatten, Gäste zu beherbergen. Fünf davon befanden sich in der Kaufingerstraße. Dicht nebeneinander standen hier der »Schwarze Adler« (Nr. 23), die »Blaue Traube« (Nr. 25), der »Deutsche Ritter« (Nr. 26), das »Goldene Kreuz« (Nr. 28) und der Gasthof »Zu den Drei Mohren« (Nr. 9). Hatte der Ankömmling erst einmal das Stadttor passiert, musste er sich für den Hof und den Rat gleichermaßen mit dem Tor- bzw. Gastzettel registrieren lassen. Michel de Montaigne wollte mit seiner Reisegesellschaft wohl zunächst am herzoglichen Hof unterkommen. Doch man war gerade mit dem Gefolge auf der Jagd, und so musste er sich mit einer einfachen Unterkunft bescheiden. Reisen war teuer. Für die Versorgung der Pferde wurde pro Nacht und pro Pferd eine Stallgebühr von mehreren Kreuzern verlangt.

Der berühmteste Gast des noblen und kultivierten Gasthofes »Zum Schwarzen Adler« war Johann Wolfgang von Goethe auf seiner Reise von Karlsbad nach Italien. Da er unbehelligt bleiben wollte, meldete er sich am 6. September 1786 unter falschem Namen an. Zwischen 1755 und 1790 war der »Schwarze Adler« in Besitz eines literarisch gebildeten Ratsherrn, dem die Bedürfnisse seiner weit gereisten Gäste am Herzen lagen. Sie konnten zwischen 38 Zimmern zum Preis von 24 Kreuzern bis zweieinhalb Gulden für eine Nacht wählen. Zudem standen ihnen vier sprachkundige Lohndiener für einen Gulden je Tag zur Verfügung. Auch Wolfgang Amadeus Mozart stieg mehrmals im »Schwarzen Adler« ab. Während der großen Tournee durch Europa hatten die Mozarts ordentlich

Geld eingenommen, weshalb man sich im November 1766 den exquisiten Gasthof leisten konnte. Acht Jahre später wurde der »Schwarze Adler« Schauplatz eines Klavierduells, das sich Wolfgang Amadeus mit dem Virtuosen Ignaz von Beecke lieferte. Die Oper ›Idomeneo‹ vollendete der junge Maestro allerdings im Haus »Sonneck« in der Burgstraße. Der venezianische Abenteurer Giacomo Casanova stieg 1756 im »Goldenen Hirsch« in der Theatinerstraße ab, damals neben dem »Schwarzen Adler« die beste Adresse Münchens. Von 1728 bis 1861 war der »Goldene Hirsch« im Besitz der bekannten Weinschenkfamilie Stürzer. Zu den honorigen Gästen gehörten Leopold Mozart mit seinen Kindern Nannerl und Wolfgang Amadeus (1763), der Opernkomponist Christoph Willibald Gluck (1774), der Schriftsteller Gotthold Ephraim Lessing als Begleiter des Prinzen von Braunschweig (1775), der Habsburger Kaiser Joseph II. (1781) und die irische Hochstaplerin Maria Dolores Eliza Rosanna Gilbert, besser bekannt unter dem Namen Lola Montez (1846).
Anfang des 19. Jahrhunderts wandelte sich München in wenigen Jahrzehnten von der mauerumschlossenen Residenzstadt in eine für alle offene Hauptstadt. Die Zunftprivilegien der Weinwirte galten nicht mehr, moderne Grandhotels lösten die traditionsreichen Weingasthöfe ab. Sie hatten die Kapazitäten, die Flut an Bahnreisenden aus dem In- und Ausland aufzunehmen. Auf Anregung König Ludwigs I. entstand als Erstes 1840 der luxuriöse »Bayerische Hof« am Promenadenplatz. Knapp zwanzig Jahre später wurde in der Maximilianstraße das renommierte »Hotel Vier Jahreszeiten« eröffnet. Für Musiker wie Gustav Mahler war die Lage in unmittelbarer Opernnähe geradezu ideal. 1892 kam das noble »Hotel Continental« in der Ottostraße dazu. In dem »Fürstenpalais« logier-

ten wiederum Gustav Mahler, Rainer Maria Rilke, Winston Churchill und König Alexander von Jugoslawien. 1908 eröffnete das Regina-Palast-Hotel in der Maximilianstraße.

Weniger betuchte Stadtbesucher, Touristen, Studenten, Literaten und Künstler übernachteten in den vielen Pensionen, die um 1900 aus dem Boden schossen. Der zwanzigjährige Franz Kafka nächtigte Ende November 1903 in der Pension Lorenz am Botanischen Garten. Von seinem Pensionszimmer in der Sophienstraße 15 war er schnell im Café Luitpold. Die bekannteste Künstlerpension Münchens war die Pension Fürmann in der Belgradstraße. Der Schweizer Heinrich Fürmann hatte einen Pferdestall in eine Pension umgebaut, aus ehemaligen Pferdeboxen wurden Zimmer, aus dem Hof ein romantischer Garten. Die Gäste blieben oft über ein Jahr, häufig wurden Mieten gestundet, Essen und Trinken kosteten fast nichts. Kein Wunder, dass die Pension Künstler aus aller Welt anzog, darunter »behaarte Kulturträger des Balkans, blondgeschneckelte Nordlandmädchen und ausgeschlüpfte Provinzpennäler, die der lichte Schein der Kunststadt hoch und fern am Himmel des Lebens herbeigelockt hat« (René Prévot). Der Amerikaner Thomas Wolfe hielt seine Erinnerungen an eine einfache Pension Ecke Theresien-/Luisenstraße in seinem Roman ›Geweb und Fels‹ fest. Sein Alter Ego Monk läuft den ganzen Tag mit Heißhunger und unstillbarem Durst durch München, weil das Pensionsessen zu knapp bemessen und die Pensionsatmosphäre zu erdrückend ist: »Man sprach mit gedämpfter Stimme, lachte höflich-zurückhaltend und überschritt in der Unterhaltung nie die durch den Takt gebotenen Grenzen.«

Wer länger in München blieb, nahm sich eine Wohnung. Das Mieten war eine unkomplizierte Sache: Wollte man nach einer bestimmten Zeit wieder woanders leben, zog man aus; kam man zurück, suchte

man sich jeweils zu den »Quartalstagen« eine neue Bleibe. Der norwegische Schriftsteller Henrik Ibsen machte es während seiner Münchner Jahre von 1875 bis 1891 mit Unterbrechungen so. Studenten mieteten sich bei einer Wirtin in einem möblierten Zimmer ein. Die Miete zahlte man ihr wöchentlich bar auf die Hand. Dafür gab es frische Bettwäsche und einen Kaffee zum Frühstück, manchmal auch einen mütterlichen Rat. Der junge Student Rainer Maria Rilke literarisierte in der Erzählung ›Ewald Tragy‹ seine Erlebnisse bei der Wohnungssuche in München im September 1896: »Verzeihen Sie, hier ist wohl ein Zimmer für einen Herrn, nicht wahr?« Er läutet, wartet und sagt es höflich, hochdeutsch und mit bescheidener Betonung. Eine große breite Frau drängt ihn gleich links in eine Tür, ehe er mit seiner Frage zu Ende ist. »Wissen S', ich sag's gleich, wie es is: Sauber is's. Und wenn S' sonst noch was brauchen …« Und damit erwartet sie, die Hände in die Hüften gestemmt, seine Entscheidung. Und wie nun der junge Mann so gar nichts sagt und sich kaum umsieht in dem dunklen Zimmer, fügt die Frau zögernd an: »Und 's macht halt zwanzig Mark im Monat samt Frühstück, so viel haben wir halt immer bekommen.« Der junge Schweizer Le Corbusier tat sich vierzehn Jahre später bei seiner Wohnungssuche schon schwerer. Für seinen Studienaufenthalt von April bis Oktober 1910 schaute er sich mindestens zwanzig Zimmer an, bevor er in der Lotzbeckstraße »Chez Frau Vogt«, nahe der Staatsbibliothek, doch noch ein passendes Zimmer fand.

Wir fanden dort in unseren Zimmern Vorhänge, aber keine Betthimmel vor, und im Übrigen alles sehr sauber; die Fußböden werden mit Holzwichse, die gekocht sein muss, gebohnert. Allenthalben im Land dort werden Rüben und Kohlrüben mit gleicher Sorgfalt zerhackt und zerkleinert, ähnlich wie man Getreide drischt; sieben, acht Männer halten in jeder Hand ein großes Messer und schlagen damit im Takt in Gefäße von Gestalt unserer Kelter: Das gibt Vorrat, der wie ihre Krautköpfe für den Winter eingesalzen wird.

*Michel de Montaigne, ›Tagebuch einer Reise durch Italien, die Schweiz und Deutschland‹, 1580*

Detail aus dem Stadtmodell des Drechslermeisters Jakob Sandtner, 1570.

Biedermeier-Zimmer,
um 1880.

Stelle dir Leintücher in der Größe von Handtüchern vor, eine Zudecke, die man nicht einschlagen kann, ein schweres Federbett, das auf dem Schläfer balanciert. Nun, der Deutsche legt sich ins Bett, und das alles bleibt auf ihm liegen bis zum nächsten Morgen. Darüber hinaus gibt man ihm in Kenntnis seiner Artigkeiten entzückende Kopfkissen, die rundherum bestickt und mit Spitzen auf rotem oder grünem Seidengrund besetzt sind; selbst die einfachsten Herbergsbetten erstrahlen in diesem unschuldigen Luxus.

*Gérard de Nerval, ›Auf Sand gebaut, Münchner Eindrücke eines Franzosen‹, 1840*

Marienplatz, um 1760.

Munic le 15 de Novembre 1780
Mon très cher Père!
Ich danke vielmal für die Anweisung – bis jetzt habe noch kein einzigmal zu hause gespeist – und habe also keine Ausgabe als Friseur, Barbier und Wäscherin – und Frühstück … Meine Logis ist in der Burggasse bei Mr Fiat – es ist aber gar nicht notwendig, die Adresse darauf zu setzen, denn auf der Post kennt man mich – und weiß auch wo ich wohne.
*Wolfgang Amadeus Mozart, Brief an seinen Vater, 1780*

Bei einem ehrbaren Kammmacher auf dem Karlsplatz bekam ich ein Zimmer. Bekannte hatte ich in München keine, aber sie wurden mir bald wie von selbst … Der Philosoph Schelling lebte damals in München. Eine Art Anknüpfungspunkt hatte ich, indem meine Wirtin in Kopenhagen mir erzählt hatte, dass Schelling während seines Aufenthaltes dort bei ihr gewohnt und dass das Bett, in welchem ich schlief, das seinige gewesen sei. Aber ich hatte für München kein Empfehlungsschreiben und niemand, der mich bei ihm einführen konnte. Ich ging daher ohne weiteres in sein Haus, ließ mich melden und wurde von dem alten Mann sehr freundlich empfangen. Der Aufenthalt in München wurde nach und nach ein recht heimischer.
*Hans Christian Andersen, ›Das Märchen meines Lebens‹, 1834*

Abends um sechse, nun ist mein Münchner Pensum auch absolvirt, diese Nacht will ich hier schlafen, und Morgen früh weiter ... Ich wohne auch hier in Knebels Wirtshaus, mag aber nicht nach ihm fragen, aus Furcht Verdacht zu erwecken oder dem Verdacht fortzuhelfen. Niemand hat mich erkannt und ich freue mich so unter ihnen herumzugehen. Bei Kobelln war ich, fand ihn aber nicht zu Hause. Sonst hatt ich den Spaß, einige, die ich dem Nahmen nach kannte, und ihr Betragen zu sehen.

*Johann Wolfgang von Goethe, ›Italienische Reise‹, 6. September 1786*

*Unter dem Namen Jean Philipp Moeller nahm Goethe auf der Durchreise nach Italien im Schwarzen Adler in der Kaufingerstraße Quartier. Auch Mozart übernachtete acht Mal dort. Karl Ludwig von Knebel (1744–1834) vermittelte das Zusammentreffen Goethes mit seinem nachmaligen Dienstherrn Herzog Karl August von Sachsen-Weimar. Es sollte dies Goethes einziger Aufenthalt in München bleiben.*

Gasthof Schwarzer Adler, 1786.

*Franz Kafka*

*Prager jüdischer Schriftsteller*
*1883 bis 1924*

*Ein halbes Jahr nach dem Kurztrip mit Max Brod erinnerte sich am 26. September 1911 Franz Kafka an München, genauer gesagt an die Pension Fümann bzw. an …* Geschichten von einer Künstlerpension in München, wo Maler und Veterinärärzte wohnten (die Schule der Letztern war in der Nähe) und wo es so verlottert zuging, dass die Fenster des gegenüberliegenden Hauses, von wo man eine gute Aussicht hatte, vermietet wurden. Um diese Zuseher zu befriedigen, sprang manchmal ein Pensionär auf das Fensterbrett und löffelte in Affenstellung seinen Suppentopf aus.

*Franz Kafka, Tagebücher, 26. September 1911*

Rezeption einer Pension, um 1910.

Am Morgen waren sie glücklich. Der Kaffee, die herrlichen, frischen, knusprigen Hörnchen, der Honig, die Alpenbutter – wie gut ihnen all das vorkam. Gilbert war sehr froh, wieder in München zu sein. Und während sie beim Frühstück saßen, hörten sie das seltsame, dröhnende Dresch-dresch-dresch marschierender Soldaten. Sie traten ans Fenster. Eine Abteilung blaue bayrische Infanterie marschierte vorbei. Seltsam und herzdurchdringend das Geräusch ihrer Bewegung – so rhythmisch, mit einem Geräusch wie eine schwere Peitsche.

*David Herbert Lawrence, ›Mr. Noon‹, 1921*

Infantristen marschieren durch die Stadt, 1914.

*Gustav Mahler*

*Österreichischer Komponist*
*1860 bis 1911*

*Am 21. Oktober 1908 schreibt Gustav Mahler aus dem Hotel Vier Jahreszeiten an seine Frau Alma:*

Wenn es so weitergeht, so sind diese Tage für mich nur eine Erholung. Was ich schon immer bemerkt habe: München (welches 600 Meter hoch liegt) hat ein herrliches Klima und ich befinde mich hier jedesmal riesig wohl (!), wenn nicht außerklimatische Umstände mich herunterbringen. Zum Beispiel erinnere ich (mich) sehr gut der Tage vor ungefähr zwanzig Jahren, als ich – ohne Geld und Aussicht auf Engagement – herumstolzierte – Immer mehr und mehr mache ich mich mit dem Gedanken vertraut, eventuell vielleicht nach München zu übersiedeln. Was meintest du dazu? Um 3000 Mark kann man hier ein Schloss mit einem Park bekommen, und das Leben ist hier faktisch um die Hälfte billiger als in Wien. Mit unserem Einkommen lebt man hier wie ein Fürst. Mitten in Europa – nach allen Seiten die wundervollsten Verbindungen. Die Wohnung, die ich im Hotel habe, ist wieder allerliebst – und gar nicht teuer. Ich möchte Dir nur wünschen zu sehen, wie mollig ich es habe. Badezimmer ist auch dabei.

*Gustav Mahler an Alma Mahler-Werfel, 21. Oktober 1908*

Villenhof des Grand Hotel Continental, um 1910.

Grand Hotel Continental, München

München, 5. September 1910

Mein geliebtes, wahnsinnig geliebtes Almschili!

Unsere Zimmer sind sehr lieb und unglaublich still! Zum ersten Mal in München, dass ich Nachtruhe habe. Die Fenster gehen wirklich in einen »Villenhof«. Aber dass mein Almschi mein Herzenslieb sich nicht ärgert, so habe ich gegenüber einen kleinen Salon auf die Straße reservieren lassen für den Tag – wo wir essen und empfangen können.

Meine Geliebte Dein Gustav

*Gustav Mahler an Alma Mahler-Werfel, 5. September 1910*

*Rainer Maria Rilke*

*Prager Dichter*
*1875 bis 1926*

München, Hotel Continental, Ottostraße
am 23. Dezember 1917 (Sonntag)
Meine verehrte Fürstin,
ich habe die wenigen Tage, die ich wieder hier bin, recht unbehaglich mit aussichtsloser Wohnungssuche zugebracht, es ist nichts zu haben; meine Wohnung der letzten zwei Jahre, in der Keferstraße, wäre immer noch beziehbar und gehört mir noch halb, aber sie ist durch die Verteilung der Räume besonders schwer zu heizen – alle Welt warnt mich hineinzuziehen und die klügsten Leute empfehlen mir, überhaupt im Hotel zu bleiben, was ein Übel ist, aber von allen jetzt wählbaren Übeln, wie es scheint, das kleinste. Ich bin also gezwungen, die Hotelexistenz zunächst fortzuführen, und das nach zwei Monaten Hotelleben in Berlin und in einem Moment, wo mir ein »Nachhausekommen« unbeschreiblich wohl getan hätte!
*Rainer Maria Rilke an Marie von Thurn und Taxis-Hohenlohe, 23. Dezember 1917*

München, Hotel Continental
am 30. März 1918 (Kar-Samstag)
Teuere Fürstin,
der Winter für mich in diesem kleinen, von lauter Sorgen abgenutzten Hotelzimmer war eine Pein, und München wird immer mehr ein Gräuel für mich; ich stoße Schreie aus nach allen Seiten, ob nicht einer der Freunde mir eine ländliche Zuflucht geben will, wo ich im leidenschaftlichsten Anschluss an die Jahreszeit eine festere Stelle innerer Besinnung gewinnen könnte – aber die Antworten auf diese Schreie sind so wenig aussichtsvoll,

Interieur einer Pension,
um 1910.

dass Sie mich wohl in der zweiten Hälfte des April noch hier denken dürfen ... Schutzlos wie man in dieser Hotelexistenz ist, bin ich eben zwei Mal unterbrochen worden und komme nur nach robuster Gegenwehr an mein Schreibblatt, das ich, aus Furcht vor weiteren Verzögerungen, schnell zu Ende bringen will.

*Rainer Maria Rilke an Marie von Thurn und Taxis-Hohenlohe, 30. März 1918*

Was hätte mir besser angestanden, als bei Vater Fürmann Pensionsgast zu werden? Man kann sich heute keinen Begriff mehr von dem Zauber des Milieus machen. Das moderne Boarding-Haus ist eine Art Pension mit Isolierplatten; man meint, nur so ließe sich der Individualismus im Zusammenwohnen retten. Bei Fürmann gab es nur Individualisten – aber ohne Isolierplatten. Freilich durfte man kein Eigenbrötler sein, man musste die Neigung in sich haben, Mitmensch zu sein. Die zwei Paradezimmer, die ich bezog, hatte vor mir keine Geringere als Ricarda Huch innegehabt. Als »Pensionsprotz Nummer I« blickte ich durch fünf Fenster nach drei Himmelsrichtungen. Diese Aussicht plus Fliederduft berauschender Mainächte, plus dreimaliger Tagesmahlzeit, plus unzähliger Tanzfeste einschließlich Bowle, plus Samstagnachmittags-Tanzcafé mit Kuchen, zu dem man auch noch Bekannte einladen durfte, kostete … nun, was kostete dies Fürmann-Glück? Neunzig Mark im Monat. Man konnte es noch billiger haben, allerdings dann etwas beschränkter. Der baumlange Karikaturist Engert, der die winzige sogenannte Asbestbude bewohnte, in der er bestenfalls in der Diagonale ausgestreckt liegen konnte, zahlte nur fünfundfünfzig Mark, alles inbegriffen … Handwerker brauchte Fürmann nicht, und wenn er einen wollte, requirierte er sich einen geeigneten Pensionsgast. In dieser Beziehung befehligte er uns mit der Selbstverständlichkeit eines Stammeshäuptlings. So sah man mich eines Tages als Dachdecker am First des Hauses sitzen.
*René Prévot, ›Kleiner Schwarm für Schwabylon‹, 1954*

Pension Fürmann, 1912.

Das also ist München: ein langer Gang mit unendlich vielen Türen und vor jeder Tür zwei Schuhe. Denn wir sind sehr spät im Hotel Torbräu angekommen. Und das ist das Gesicht, das jeder zuerst von einer Stadt zu sehen bekommt und welches kein Mensch beschreibt: ein Gang mit Schuhen. Schwärmen Sie auch so für Hotels? Ich für mein Teil bin geradezu versessen darauf … So ein Hotel mit nichts an der Wand, keinem »Sonnenuntergang«, keinem »Blick auf Salzburg« und nicht einmal einem »Marienplatz um 1630«; nur einer kleinen Karte neben dem Waschtisch, auf der Sie in gewählten Worten ersucht werden, Ihr Rasiermesser nicht am Handtuch zu säubern, sondern an einem dazu bereitliegenden Bündel Papier.
*Godfried Bomans, ›Ich liebe meinen Gartenzwerg‹, 1949*

ZANO

*»Alles, was ich sehe, kommt mir vor wie ein Traum.«*
Fjodor Iwanowitsch Tjutschew

# Auf der Straße

## Von der Gasse zum Boulevard

Auf seinem Spaziergang durch die Gassen Münchens konnte Michel de Montaigne Leute, die ihm begegneten, schnell nach Status und Ansehen zuordnen. Obwohl er Ausländer und mit den hiesigen Sitten nicht vertraut war, wusste er, welchen Rang sein Gegenüber beispielsweise in der höfischen Gesellschaft einnahm und wer als Erster galant den Hut zu ziehen hatte. Die landesherrlichen Kleiderordnungen schrieben bis Mitte des 18. Jahrhunderts detailliert vor, wie sich der Hofbeamte vom Ratsherrn oder vom Bauern aus dem Umland zu unterscheiden hatte. Die Kleidung gab Aufschluss über sozialen Stand, Familienstand und Zunftzugehörigkeit. Hofadel, Hofbeamte und niederer Adel nutzten ihre internationalen Beziehungen, um die neuesten Modeströmungen nach München zu bringen. Das Bürgertum zog nach, und so setzte sich der jeweilige Modetrend allmählich durch. Die beste Flaniermeile Münchens war der Hofgarten, seit 1780 für die Öffentlichkeit zugänglich. Hier traf die junge Bürgerstochter den Hofbediensteten aus der benachbarten Residenz.

Der Schriftsteller und Verleger Friedrich Nicolai kam auf seiner Reise durch Deutschland und die Schweiz 1781 nach München. Seine Eindrücke beim Einkaufen und Umherschlendern hielt er in seinem kulturgeschichtlich äußerst aufschlussreichen Reisebericht fest. »Die Pflasterung ist ziemlich gut, und die Straßen rein. Es wird aber auch in München wenig gefahren.« Im Vergleich zu Wien empfand er die Stadt als tot. Doch München war auf dem Weg zur Großstadt. Waren es 1771 noch 31 000 Einwohner, so waren es dreißig Jahre später schon 42 450. Um die Übersicht in der Stadt zu bewahren, wurden 1770 die 1213 Häuser mit Hausnummern versehen, dreißig Jahre später bekam jede Straße ein Straßenschild. Beklagte sich Friedrich Nicolai noch darüber, dass München nur im Winter

nachts beleuchtet wäre, so brannten bereits ein Jahr später die Laternen das ganze Jahr über. Im Vergleich zu anderen Städten vermisste Nicolai eine klare städtebauliche Planung. Vielleicht hätten ihn die breit angelegten Prachtstraßen Ludwigs I. und Max' II. mehrere Jahrzehnte später entschädigt. Diese fielen dem Prager Schriftsteller Jan Neruda sofort auf, als er 1863 München besuchte: »Die Straßen sind unregelmäßig, schmal, schlecht gepflastert oder ganz ohne Belag. Schön sind nur zwei, die Ludwigs- und die Maximilianstraße.« Ansonsten fand er München »trotz ihrer Pracht zum Gähnen leblos«. Auf den Straßen holte man sich »kotige Schuhe«, nur fünfzehn Prozent waren gepflastert, meist mit Kieselsteinen. Noch mehr als die Straßen verschreckten Neruda aber die vielen Provinzlerinnen aus dem Umland. Sie ließen »vor lauter Tracht nicht einmal die Figur« erkennen.

Seit 1861 verkehrte zwischen dem Zentralbahnhof und dem Mariahilfplatz der »Stadtomnibus«, das erste Münchner Verkehrsmittel mit Fahrplan. Das Pferdegespann erzürnte den französischen Literaten Victor Tissot. »Man kann sich nichts Elenderes und Unreinlicheres vorstellen als einen Stadtomnibus«, schimpfte er. Offensichtlich hatte er den Schock der deutschen Reichsgründung im Spiegelsaal zu Versailles noch nicht ganz verdaut, als er in den 1870er Jahren München besuchte. Im Vergleich zu Paris war für ihn München mit seinen inzwischen knapp 170 000 Einwohnern ein verschlafenes Nest. Den tschechischen Komponisten Bedrich Smetana, der wegen Richard Wagners Opern nach München kam, erstaunten die vielen »Fremden« in der Stadt. Statistiken belegen, dass München 1878 bereits 220 000 Einwohner hatte, »davon 5200 Preußen und 9480 übrige Ausländer«. Seit 1875 konnte man sich eine der 71 Münchner Zeitungen oder Zeitschriften am Kiosk kaufen und

mit Mark bezahlen. Der erste Kiosk stand am Stachus. Postkarten und Briefe warf man jetzt in eisernen Briefkästen ein, die auf der Straße aufgestellt wurden. 1879 zog der Eishändler Sarcletti zum ersten Mal mit seinem Eiswagerl durch die Straßen und verkaufte »Gefrorenes«.

München glich zunehmend einem Rummelplatz. Seit 1862 zierten die ersten Plakattafeln das Alte Rathaus, 1880 wurde die erste Plakatsäule aufgestellt, zehn Jahre später tauchte mit dem »Crystall-Plakat-Kiosk« am Maximiliansplatz die erste elektrische Nachtreklame auf. 1893 wurden die Hauptstraßen der Innenstadt mit 280 Bogenlampen elektrisch beleuchtet. Kurz vor Ausbruch des Ersten Weltkriegs waren 530 Straßenkilometer mit 12 060 Gaslaternen, 238 Petroleumleuchten und 2768 Elektrolampen illuminiert. München ertrank zunehmend in einem Lichtermeer. Friedrich Nicolai hätte hundert Jahre nach seinem Besuch die Stadt nicht wiedererkannt.

Der französische Schriftsteller Jean Giraudoux nutzte 1905/06 die Fahrten mit der elektrisch betriebenen Trambahn, um die aus- und einsteigenden Fahrgäste aller Schichten genauestens zu studieren. Es faszinierte ihn, was sich in dieser kleinen Welt eines Triebwagens so alles erleben ließ. Damals schaute die Tram bereits auf eine dreißigjährige Geschichte zurück. Begonnen hatte alles im Oktober 1876 mit einer Schienen-Pferdebahn. Schon ein Jahr später verband diese den Zentralbahnhof mit dem nahe gelegenen Vorort Schwabing. Allein im Juli 1879 beförderte die Pferde-Tram 534 510 Personen. Dafür mussten bis zu 758 Pferde angeschafft werden. 1883 wurden die Pferdestärken durch Dampfkraft ersetzt. Die erste Dampf-Trambahn Münchens brachte Sommerfrischler mit einer Geschwindigkeit von acht Stundenkilometern vom Stiglmaierplatz zum Nymphenburger Park. Die erste elektrisch betrie-

bene Straßenbahn verkehrte ab 1895 vom Färbergraben zum Isartalbahnhof. Um 1900 gab es bereits 25 elektrische Straßenbahnen – sehr zum Unwillen des Prinzregenten Luitpold, der zumindest die unmittelbare Umgebung der Residenz nicht von Oberleitungen verschandelt wissen wollte. Erst 1906 genehmigte er die elektrischen Drähte vor seiner Haustür. 1880 fuhren die ersten Hochräder durch die Stadt, 1892 die ersten Damenfahrräder. Als der griechische Schriftsteller Zacharias Papantoniou 1913 nach München kam, war er sehr erstaunt, wie freizügig und selbstbewusst die Münchnerinnen mit dem Fahrrad durch die Stadt kurvten.
Immer mehr Automobile bestimmten das Stadtbild. 1899 wurden in München die ersten Führerscheine ausgestellt. 25 Automobilbesitzer hatten nun eine Fahrerlaubnis. Der rasch zunehmende Stadtverkehr erforderte feste Straßen, und so erhielt als Erste die Ludwigstraße 1901 einen Asphaltbelag. Doch das hohe Tempo forderte auch seine Opfer. Bereits 1910 kamen in München bei 182 Autounfällen elf Menschen zu Tode, bei 403 Unfällen der Trambahn starben im selben Jahr sechzehn Menschen.
1911 war der amerikanisch-englische Schriftsteller T.S. Eliot für kurze Zeit in München. Er wohnte in der Pension »Bürger« in der Luisenstraße 50. Wenn er der Tram, den Fahrrädern und den Autos entkommen wollte, musste er über den Karolinenplatz die Briennerstraße entlang zum Hofgarten gehen. In dieser Oase war die Zeit stehen geblieben. Unter den Kastanienbäumen und Arkaden holte er sich Inspirationen für sein zehn Jahre später entstandenes Gedicht ›The Waste Land‹.

München lag unter dem Schnee verborgen, und es war dunkel. Doch ich erkannte es, unsichtbar, geruchlos und stumm, an jenen Zeichen, die für die Städte merkwürdiger sind als ihre Hauptstraße, ihre Bavaria oder ihre Feuerwehr: an der Art, wie die Straßenbahnschaffner ihren Speichel verwenden, um die Fahrscheine zu verteilen, oder wie sie verhindern, dass der Handgriff der Klingelleine an die Stirne der Fahrgäste stößt, an der Marke auf der Plattform, an der die Kinder gemessen werden – wenn sie größer sind, müssen sie den vollen Fahrpreis bezahlen – an einem bestimmten Wechsel der Fahrgäste: Jeder Platz, den ein Arbeiter verließ, wurde zu dieser Stunde und auf dieser Strecke von warm vermummten Frauen wieder eingenommen, die die Sängerinnen des Hoftheaters waren ... Große Damen mit starkem Brustkasten, das heißt, Koloratursoprane, kleine dicke Männer, Tenöre also, der riesige Buckel, der am besten Italienisch sang: Sicher spielte man den göttlichen Mozart. An der Endhaltestelle der Bahn, an der Haltestelle, die darüber hinaus das Ende aller Straßenbahnen und Eisenbahnen der Welt sein müsste, genau am Fuße eines Gebäudes, in dem man die Zauberflöte gab, stieg ich aus.

*Jean Giraudoux: ›Wiedersehen mit München‹, 1920*

Münchner Pferdetrambahn, um 1880.

Es war ein scheckiger Schimmel (mit Ockergelb im Körper und hellgelber Mähne) in einem Pferderennspiel, den ich und meine Tante ganz besonders liebten. Hier wurde strenge Reihenfolge gewahrt: Einmal durfte ich diesen Schimmel unter meinen Jockeys haben, einmal die Tante. Die Liebe zu solchen Pferden hat mich bis heute nicht verlassen. Es ist mir eine Freude, solch einen Schimmel in der Stadt München zu sehen: Er kommt jeden Sommer zum Vorschein, wenn die Straßen gesprengt werden. Er weckt die in mir lebende Sonne. Er ist unsterblich, da er in den fünfzehn Jahren, die ich ihn kenne, gar nicht gealtert ist. Es war einer meiner ersten Eindrücke, als ich vor dieser Zeit nach München übersiedelte – und der stärkste. Ich blieb stehen und verfolgte ihn lange mit den Augen. Und ein halb unbewusstes, aber sonniges Versprechen rührte sich im Herzen. Er machte den kleinen Bleischimmel in mir lebendig und knüpfte München an meine Kinderjahre. Dieser scheckige Schimmel machte mich plötzlich in München heimisch.

*Wassily Kandinsky, ›Rückblick‹, 1931*

Nachdem ich gestern zur Zeit meines Morgenspaziergangs die Mitteilung der für heute angekündigten Extrafahrt der Eisenbahn gelesen hatte, begeisterte ich Maltizew für diesen Zug … Wir fuhren um vier Uhr ab und sollten um sechs Uhr zurück sein. Statt dessen sind wir um zehn Uhr in die Stadt zurückgekehrt. Wahrhaftig, die in dieser Institution herrschende Unordnung, Anarchie und Dummheit kann man sich kaum vorstellen. Offensichtlich beschützt die göttliche Vorsehung, unter deren Schutz die Kinder und Betrunkenen stehen, dieses Unternehmen. Nur das Wirken der Vorsehung war dazu fähig, schrecklicheres Unglück zu verhüten. Auf der breiten Landstraße warteten vier- bis fünftausend Menschen in tiefster Dunkelheit auf den Zug, um sich auf ihn zu werfen, sobald er auftauchte, und man war gezwungen, die Wagons im Sturm einzunehmen, weil man im Falle des Misslingens gezwungen gewesen wäre, fünf Meilen von München entfernt die Nacht unter freiem Himmel zu verbringen. Klagegeschrei, Gedränge, die Gefahr, unter die Räder zu geraten, irgendein teuflisches Feuerwerk, aus unbekanntem Grund abgefeuert … alles das ließ mich sogar für einige Momente über Deine Abwesenheit freuen … Das Gedränge war so groß, dass eine kleine Bucklige, die ich im Schlepptau hatte, beinahe ihren Buckel verloren hätte. Einige hundert Menschen werden nicht vor morgen früh in München ankommen. Zweifellos wird sich morgen gegen die Direktion ein schreckliches Gemurre erheben. Wenn das Publikum nicht so gutmütig wäre, würde morgen keine einzige Scheibe der Fenster der Verwaltung des Herrn Maffei heil bleiben.

*Fjodor Iwanowitsch Tjutschew, 1839*

Fremde gibt es hier eine schreckliche Zahl! Wenn in Prag so viele Reisende wären wie hier, müsste viel Geld dort bleiben. Allerdings gewährt Prag nicht so viel Vergnügungen und so weiter wie München. Allen Tschechen gefällt es hier.

*Bedrich Smetana, 1868*

*Bedrich Smetana*

*Tschechischer Komponist*
*1824 bis 1884*

Theatinerstraße, um 1910.

Ich kann nichts dafür, dass mir München nur wie eine Kleinstadt vorkam ... Die Geschäfte können sich hinsichtlich Eleganz bei weitem nicht mit den Pragern messen, die Häuser sind vorwiegend hässlich, die Straßen unregelmäßig, schmal, schlecht gepflastert oder ganz ohne Belag. Schön sind nur zwei, die Ludwig- und die Maximilianstraße; doch ist die eine noch unfertig, die andere trotz ihrer Pracht fast zum Gähnen leblos ... Man würde gar nicht erwarten, hier in einer ansehnlichen Straße mit vielen Palästen nichts als einen Fahrweg vorzufinden, mit Gräben daneben, damit der schöne klebrige Schlamm, sofern er das will, abfließen kann! Mir fielen auf sämtlichen Fotografien von München die kotigen Schuhe auf, eine Uniformität, die fast wie ein Nationalkostüm wirkt.

*Jan Neruda, ›Reisebilder‹, 1863*

An verschiedenen offnen Kaufläden, die mit einem Wetterdache versehen sind, wird eine Art von Tisch herausgeklappt; der Käufer steht dann auf der Straße und empfängt da, was er verlangt ... Die Straßen sind, wie schon bemerkt, ziemlich breit, einige aber leidlich gerade; doch überhaupt ist München so wenig wie Wien nach einem regelmäßigen Plane gebaut oder mit Plätzen und Märkten, die zur Zierde gereichen, versehen. Eine Menge Kirchen, düstere Klöster mit langen, unzierlichen Facciaten, hin und wieder ein Palast und viel solide gebaute, aber nicht zierliche Bürgerhäuser ist, was man am meisten sieht. Die Pflasterung ist ziemlich gut, und die Straßen rein. Es wird aber auch in München wenig gefahren. Wenn man von Wien kommt und des beständigen Schwirrens auf den Gassen gewohnt ist, so scheint München sehr tot. Die nächtliche Beleuchtung der Straßen ist nur im Winter; die Laternen sind viereckig und sauber.

*Friedrich Nicolai, ›Beschreibung einer Reise durch Deutschland und die Schweiz‹, 1781*

Blick von der Neuhauser Straße auf das Karlstor, um 1890.

Das Karlstor sieht aus, wie wenn es von einer Papiermaché-Fabrik aus Nürnberg gekommen wäre. Im Tal und in der Sendlingergasse stützt ein Haus das andere, um nicht auf die Vorübergehenden zu fallen. In diesen Straßen glaubt man sich in einem Bauernstädtchen. Die Stadt teilt sich in eine alte und eine neue. Die alte Stadt trägt deutschen und gotischen Charakter, die neue Stadt besteht aus Stein-Phantasien und gleicht einem Museum archäologischer Kopien.

*Anti-Tissot, ›München und die Münchener‹, 1876*

Im Münchner Bockskeller, 1848.

Als ich aus der Oper nach Hause ging, hörte ich in der Gasse ein gut Koncert; man machte es vor der Türe des Herrn Devisme, beim Scheine von Fackeln und bei großem Zulaufe. Als ich darauf nach meinem eignen Gasthofe »Zum goldenen Hirsche« ging, hörte ich wieder dieselbe Gesellschaft vor meiner Türe. Auf meine Erkundigung ward mir gesagt, dass es die armen Schüler wären; aber nur erst des anderen Tages erfuhr ich, dass dieses Koncert dem Herrn Devisme und mir gegolten hatte, weil wir in ihrem Collegio gewesen waren, uns nach der Einrichtung der Stiftung zu erkundigen … Am nächsten Tag des Abends hörte ich abermals die armen Schüler in den Gassen verschiedene vollstimmige Stücke recht gut spielen. Sie hatten Violinen, Oboen, Waldhörner, ein Violoncello und einen Bass. Ich erfuhr, dass sie oft auf diese Art in den Gassen spielen mussten, um dem Publikum, auf dessen Kosten sie unterhalten werden, von ihrem Fleiße im Lernen Beweise zu geben.

*Charles Burney, ›Reisetagebuch, Münchener Notizen‹, 1772*

München ist zu groß für seine Einwohnerzahl. Seine weiten Plätze und geräumigen Straßen sind die meiste Zeit verlassen. München ist langweilig wie eine deutsche Übersetzung von Telemach. Wenn man an den vielen Statuen vorübergeht, möchte man sie fast bitten herabzusteigen, um die Szenerie zu beleben. Die Fuhrwerke haben eine solche Langsamkeit, dass man sich fragt, ob sie die schlafende Stadt aufzuwecken fürchten. Man kann sich nichts Elenderes und Unreinlicheres vorstellen als einen Stadtomnibus. – Eine Equipage ist in München ein Ereignis und fährt eine solche durch die Straßen, so hört man alle Fenster öffnen. – Bräuwägen dagegen verkehren fast ohne Unterbrechung.

*Anti-Tissot, ›München und die Münchener‹, 1876*

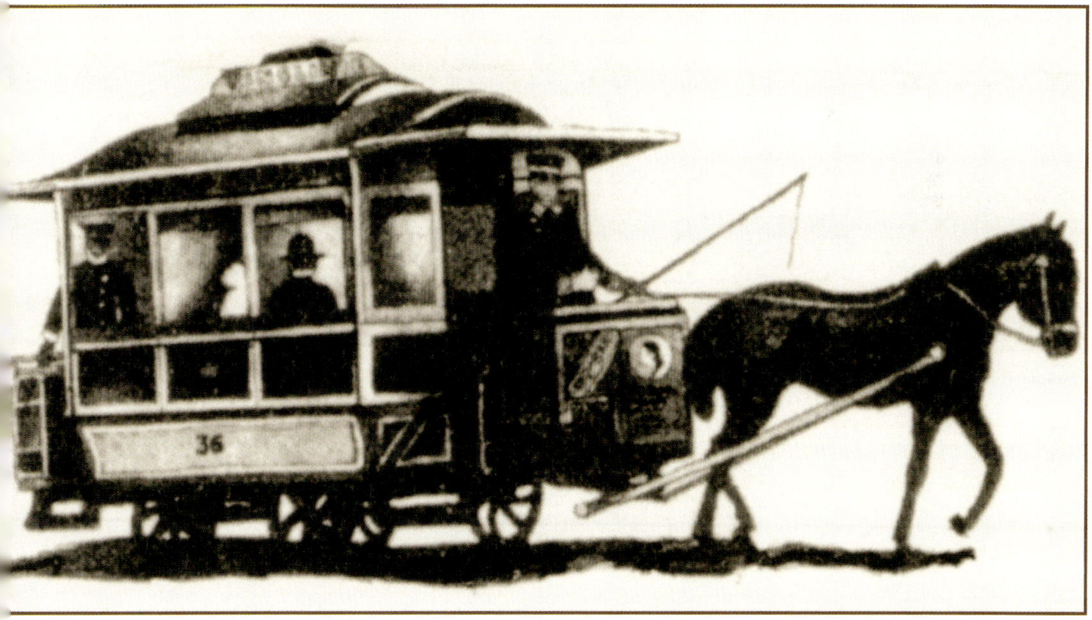


Münchner Pferdetrambahn zwischen 1876 und 1900.

Dame mit Fahrrad, um 1905.

Unzählige Münchner Mädel radeln mit aufgekrempelten Ärmeln und ohne Strümpfe. Stellte man sich genauso viele Frauen vor, die auf den Straßen eines südlichen Landes mit nackten Beinen und kurzen Röcken Fahrrad fahren, wäre sofort der Teufel im Spiel und Chrysostomos und Savonarola würden Alarm schlagen. In Deutschland aber regt sich niemand darüber auf. Auch der südländischste Fremde nicht. Das Volk selbst hat die Nacktheit in ein tugendhaftes und natürliches Schauspiel verwandelt, so unschuldig und natürlich wie die Fortbewegung auf den Straßen und das Atmen. Das ist eine große Leistung.

*Zacharias Papantoniou, 1934*

Silberne Riegelhaube, um 1840.

Die Mädchen haben zwar fast durchweg gefällige Gesichter, aber flache Brüste, sie haben große Füße, keine Waden, wo es auf den kotigen Straßen doch so viel Gelegenheit gäbe, sich damit zu brüsten! … Sich geschmackvoll zu kleiden verstehen hier weder die vornehmen noch die weniger vornehmen Frauen. Bei den zahlreich nach München kommenden Provinzlerinnen erkennt man vor lauter Tracht nicht einmal die Figur. Sie tragen unterschiedlichste Kopfbedeckungen, wie Schmetterlinge gebundene Tücher, niedrige Hütchen auf Tiroler-, hohe Mützen mit Pelz auf Grenadierart und schließlich nur Häubchen, um den Zopf zu bedecken, silberne oder goldene »Riegelhauben«, die die Form eines in zwei Zipfeln auslaufenden Männerbarts haben. Die Volkstracht behauptet sich ungebrochen bis nach München.

*Jan Neruda, ›Reisebilder‹, 1863*

*Jan Neruda*

*Tschechischer Schriftsteller, Redakteur und Theaterkritiker 1834 bis 1891*

Auf Männerköpfen entdeckte ich viele flache, runde Hüte mit schmaler Krempe, ebensolche wie die, zu denen wir in Prag den breitkrempigen Slawenhut verunstaltet haben. Auf den kurzen Jacken tragen sie statt Knöpfen eine derartige Menge österreichischer Silberzwanziger, dass es mir als einem braven österreichischen Untertanen fast den Magen hob. Man merkt erst hier, um wie viel wir in Österreich gebildeter sind; wir kämen gar nicht auf die Idee, derart anzugeben. Ich hätte ihnen die Geschmacklosigkeit erklärt, wären die Bayern nicht so schreckliche Grobiane. Man kann ihnen gar nichts erklären, weil sie einen sofort vor die Tür setzen. Diese Grobheit wird im bayerischen Dialekt »Gemütlichkeit« genannt.

*Jan Neruda, ›Reisebilder‹, 1863*

Der Schützenkönig, um 1850.

Meine Anhänglichkeit an München verursachte mir übrigens gerade an den Stellen den geringsten Schmerz, wo ich ihrer bewusst war, und ich entdeckte zum ersten Mal die für mich wirklich neuralgischen Punkte dieser großen Stadt. Es waren keineswegs, wie ich mir das vor fünfzehn Jahren eingebildet hatte, die Glyptothek oder die Alte Pinakothek, ganz zu schweigen von der Neuen, auch nicht die Wohnung, in der ich Lenbach beim Malen, oder das Theater, in dem ich Hildebrand bei der Bildhauerei zugesehen hatte; es waren vielmehr, gleichsam verschont geblieben in einer Stadt in Asche, die mittelalterliche Post, wo ich meine postlagernden Briefe in Empfang genommen hatte, der Obelisk, von wo aus die Bayern eines Donnerstags mit Napoleon nach Russland gezogen sind und von wo aus ich jeden Sonntag mit Martha nach Schleißheim wanderte, das große Kaufhaus Tietz, wo ich übrigens niemanden gekannt und immer wieder die Parfümerie aufgesucht hatte, die genau in der Mitte lag und über eine weiß der Himmel wie schwierige, unveränderliche Marschroute zu erreichen war, die vielleicht, so teuer ist sie mir noch heute, irgendeinem unterirdischen Magneten folgte. An bestimmten Straßenecken boten mir die Schaufenster, einem Souvenir gleich, mein Spiegelbild dar, fast das gleiche Spiegelbild … Eine Porzellanvase, die mir einst im Schaufenster bei Koeller aufgefallen war, hatte noch einen Käufer gefunden.

*Jean Giraudoux, ›Siegfried oder Die zwei Leben des Jacques Forestier‹, 1920*

Für mich bedeutete das Lob auf München vor allem Folgendes: München ist eine saubere Stadt, zumindest auf den ersten Blick. Auf den Straßen und Wegen, in den Parkanlagen und in der U-Bahn liegt weit weniger Schmutz als in anderen europäischen Großstädten. Darüber waren wir uns einig. Allerdings machen überall die Hunde auf die Gehwege, und was sie hinterlassen, wird anscheinend kaum jemals entfernt. Der Regen muss Spuren verwischen – In München lebt es sich leichter. Als? Ja, als wo? Als in hektischeren Städten und Gegenden. Mit meiner Meinung, in Japan würde es sich nicht so leicht wie in München leben, stand ich jedoch ziemlich allein in der Runde der Mitschüler. Es mangelte uns an Vergleichsmöglichkeiten. Wir interpretierten München einfach zu unseren Gunsten.

*Miki Sakamoto, ›Münchner Freiheit, Fernöstliche Blicke auf die Weltstadt mit Herz‹, 2007*

U-Bahnhof, um 1980.

Mitten in Bayern, dort, wo grundlos die Autobahn aufhört, fängt München an. So wie der Krieg die Fortsetzung der Politik mit anderen Mitteln ist, so ist München die Fortsetzung des Autobahnverkehrs mit anderen Mitteln. Zu diesem Zweck verwenden seine Verkehrsstrategen spielautomatenartige Ampeln, die zu gleicher Zeit in den überraschendsten Kombinationen nach den verschiedensten Seiten aufleuchten und Fußgänger und Autofahrer gemeinsam auf den trügerischen Zebrastreifen locken ... Dessen ungeachtet brandet der Verkehr einer Weltstadt durch die ausgewaschenen Straßen und lässt den einfahrenden Fremdling hinter jeder Ecke so etwas wie den Anblick der Skyline von Manhattan erwarten. Stattdessen steht dort schließlich, wie es im Lied so schön heißt, ein Hofbräuhaus.

In den Straßen drängt sich die Menge. In den Auslagen und Läden drängen sich die Waren. Und zwischen den Ladentischen drängen sich die Käufer. Es gibt von allem zu viel. Die Auswahl ist enorm. Die Preise sind nicht hoch. Die Leute sind alle auffallend gut angezogen. Elegant angezogen sind sie nicht. Der Trubel, besonders bei den großen Sommerausverkäufen, erreicht amerikanische Maße. Man könnte in Chicago sein und ist doch eigentlich in Oberammergau. In Oberammergau, wo das ganze Jahr Kirchweih ist. Aber – Oberammergau in Illinois.

*Helmut Qualtinger, ›Der 800-Jahr-Markt‹, 1958*

*Helmut Qualtinger*

*Österreichischer Schriftsteller und Kabarettist*
*1928 bis 1986*

»… *jede Woche ein kleiner Straßenkampf*«
Sándor Márai

# Straßenkämpfe

## Hauptstadt vieler Bewegungen

München ist eine internationale und weltoffene Stadt, das belegt beeindruckend die Statistik: In München lebten 2006 etwa 1,33 Millionen Menschen aus über 180 Nationen, davon hatten 23 Prozent einen ausländischen Pass. Etwa genauso viele sind »echte Münchner«. Sie sind hier geboren und geblieben. Zehn Prozent der Münchner mit deutschem Pass haben Migrationshintergrund. 4,18 Millionen Touristen aus dem Ausland übernachteten 2006 in der europäischen Metropole. Im multikulturellen Großstadtvergleich nimmt München hinter Frankfurt Platz Zwei ein. Ungefähr 13 000 ausländische Studenten, das sind fünfzehn Prozent, studieren an einer der drei Hochschulen in München.

Die Stadt bot in den letzten sechzig Jahren vielen Flüchtlingen aus den Krisenregionen der Welt vorübergehend Schutz und Sicherheit. Den Anfang machten 1946 jüdische Flüchtlinge, sogenannte »Displaced Persons«, aus dem Raum zwischen Ostsee und Schwarzem Meer. Während des Zweiten Weltkrieges waren sie auf der Flucht vor den vordringenden Sowjets und den deutschen Truppen ihrer Heimat beraubt worden. Neben den Überlebenden der Lager, der Zwangsarbeit und der Todesmärsche machten sie das Gros der jüdischen Flüchtlinge aus. Auf der Suche nach einer neuen Heimat fanden sie in der gut zur Hälfte zerstörten Trümmerstadt München eine vorübergehende Bleibe. Die Stadt wurde für sie eine Zwischenstation, »ein Ort des Übergangs«, so Dan Diner, Professor für Geschichte an der Universität von Jerusalem, in dessen Pass als Geburtsort »München« steht.

Die Erinnerung an die jüngste Vergangenheit stellt für München eine Hinterlassenschaft dar, der man sich nur mit Scham annähern kann – eine »Last der Erinnerung«, wie es der nigerianische Nobelpreisträger Wole Soyinka einmal nannte. München musste sich den

Ruf als internationale, weltoffene Stadt nach Kriegsende erst wieder verdienen, zu eng war die Stadt mit dem Unrechtsstaat Adolf Hitlers verbunden. Hitler hatte München die Ehrentitel »Hauptstadt der Bewegung« und »Stadt der Deutschen Kunst« verliehen, München war seine geistige Hauptstadt, offizieller Wohnsitz und Herzstück seiner Partei. Von München aus begann der Siegeszug der NSDAP, den sympathisierende Münchner Bürger mitfinanzierten. Hitlers Bühne stand am Odeonsplatz und am Königsplatz. Er sorgte dafür, dass sich in München der Geist des Nationalsozialismus in monumentalen neuen Gebäuden, Kunstausstellungen und politischen Straßeninszenierungen festigte und dass die »entartete Kunst« aus den Museen verschwand. Das missfiel nicht nur dem jungen irischen Schriftsteller Samuel Beckett, der sich im März 1937 mehrere Wochen in München aufhielt. Einer Freundin gestand er: »Die Tour ist ein Misserfolg. Deutschland ist grässlich. Das Geld ist knapp. Ich bin die ganze Zeit müde. Alle modernen Bilder sind im Keller.« Das im September 1938 unterzeichnete »Münchner Abkommen« stand am Anfang einer größenwahnsinnigen Expansionspolitik. Sieben Jahre später lagen weite Teile der Welt in Schutt und Asche.
Im Mai 1913 hatte der damals 24-jährige Österreicher Adolf Hitler Wien verlassen und war nach München gekommen. Er ließ sich am Rande Schwabings in der Schleißheimer Straße nieder und lebte vom Postkartenmalen. Es ist eine Paradoxie der Geschichte, dass die Geburtsstadt des Nationalsozialismus sich seit der Prinzregentenzeit in aller Welt einen Ruf als die toleranteste, freizügigste und heiterste Stadt Deutschlands erworben hatte. In diesem Klima gediehen offenbar genauso prächtig Antisemitismus, Herrenmenschentum und germanische Heilslehren. Im Dunstkreis der Proklamationen mit absolutem Gültigkeitsanspruch und der entfesselten Ideale

holte sich Hitler den letzten Schliff für seine politischen Wahnvorstellungen. Er stand in der dicht gedrängten Menschenmenge, die im August 1914 auf dem Münchner Odeonsplatz den Kriegsausbruch bejubelte, und meldete sich als Kriegsfreiwilliger. Nach dem verlorenen Ersten Weltkrieg kehrte Hitler nach München zurück, wurde Zeuge der kurzlebigen Räterepublik und deren blutiger Niederwerfung durch Regierungstruppen und illegale Freicorps. Es war die große Stunde der Hassprediger, die die Räterepublik als ein Werk dahergelaufener jüdischer Intellektueller und Phantasten verdammten. Einer von ihnen war Adolf Hitler. 1919 trat er in die Deutsche Arbeiter-Partei ein und übernahm zwei Jahre später den Vorsitz der Partei, die inzwischen NSDAP hieß. Mit dem Putsch vom November 1923 wollte Hitler von München aus nach der Macht im Reich greifen, was ihm erst 1933 mit der Wahl zum Reichskanzler gelang.

Führende Schriftsteller, Musiker, Künstler, Wissenschaftler und Politiker flüchteten nach Hitlers Machtübernahme aus München. Der Literaturnobelpreisträger Thomas Mann folgte dem Rat seiner weitsichtigen Kinder und ging im März 1933 ins Exil. Die deutsch-französische Schriftstellerin Annette Kolb floh als engagierte Pazifistin und Kosmopolitin nach Paris. Der bayerische Schriftsteller Oskar Maria Graf wurde auf einer Vortragsreise nach Wien von der Gleichschaltung Bayerns überrascht und konnte nicht mehr nach München zurückkehren. Als Aktivist während der Räterepublik und nach seinem Aufruf »Verbrennt mich!« war er den Nazis besonders verhasst. Im September 1938 bezog er mit seiner jüdischen Frau Miriam Sachs eine Wohnung in Manhattan. Wie viele Emigranten waren die beiden mit dem Schiff von Rotterdam nach New York geflüchtet, neun Wochen, bevor die deutschen Truppen in die Tsche-

choslowakei, den bisherigen Zufluchtsort, einfielen. Sein Schreibtisch, beklebt mit Postkarten und Bildern aus Oberbayern, wurde zum Ort der Erinnerung an seine verlorene Heimat. Am Schreibtisch kehrte er an die Orte seiner Kindheit und Jugend zurück. Wie bei Thomas Mann mit ›Doktor Faustus‹ entstand bei Oskar Maria Graf mit ›Unruhe um einen Friedfertigen‹ und ›Das Leben meiner Mutter‹ aus der Bewältigung des Heimatverlustes große Literatur.

Weder die Manns noch Oskar Maria Graf sind nach dem Ende der Hitler-Diktatur nach Deutschland zurückgekommen. Die Verletzungen waren zu groß. Dafür kehrten die literarischen Exilnachlässe von Thomas Manns Kindern, Annette Kolb und Oskar Maria Graf Jahre später nach München zurück. Sie fanden in der Monacensia, dem Literaturarchiv der Stadt München, im Hildebrandhaus eine feste Bleibe. Grafs Schreibtisch steht dort in der ehemaligen Wohnung von Elisabeth Braun, der zwischen 1934 und 1941 die Künstlervilla des Bildhauers Adolf von Hildebrand gehörte. Sie war die Tochter einer wohlhabenden, eingesessenen jüdischen Kaufmannsfamilie und eine »echte Münchnerin«. Im November 1941 wurde sie mit tausend weiteren jüdischen Männern, Frauen und Kindern aus München in den litauischen Ort Kaunas verschleppt und wenige Tage später erschossen. Anfang der 1970er Jahre sollte das Hildebrandhaus abgerissen werden, was aufmerksame Münchner verhinderten. Künstlervilla und literarische Exilnachlässe sind Zeugen der Erinnerung. Wie viel ärmer wäre München, wenn sie der Nachwelt nicht erhalten geblieben wären.

Es war mitten im Sommer (1870), da durchschwirrte plötzlich die Stadt das Gerücht, dass ein Krieg mit Frankreich bevorstehe. Es klang unglaublich. Der bayerische Landtag trat zusammen, um zu entscheiden, ob Bayern an dem Krieg teilnehmen werde. Die Situation war aufs Äußerste gespannt. Dr. Sepp sprach: »Ich bin zum Generalredner meiner Partei gewählt worden, um gegen den Krieg zu sprechen. Nachdem uns aber im Laufe des heutigen Tages aus Paris schmachvolle Anträge zugekommen sind, kann ich mich als ehrlicher Mann nicht anders als für den Krieg aussprechen.« … Als die liberalen Abgeordneten und Dr. Sepp beim Haupttor die Gasse betraten, wurden sie enthusiastisch begrüßt. Es ertönte der Ruf: »Zum König!« Die ganze Menschenmenge strömte nun vor die Residenz. Ich lief natürlich mit. Unterwegs kamen wir an einem Wirtshaus vorbei, in dessen Tür eine Kellnerin stand. Sie sagte: »Alle, die da schreien und laufen, müssen gewiss nicht in den Krieg!« Ich musste über mich selbst lachen, denn der Ausspruch der Kellnerin traf mich mehr als irgendeinen! Vor der königlichen Residenz angekommen schrie die Volksmenge ungezählte Hochrufe hinauf, und es wurde auch gerufen, der König möge sich zeigen. Da kam ein Adjutant des Königs auf die Gasse und überbrachte der Menge den Dank des Königs und das Ersuchen, die Menge möge auseinandergehen, da der König wichtige Sitzungen halte und ungestört arbeiten muss. Die Leute standen nun ratlos da. Nach Hause wollten sie nicht und dabeibleiben sollten sie nicht.

*Izidor Krsnjavi, ›Die Münchner Ereignisse‹, 1923*

Rekrutenvereidigung an der Feldherrnhalle, 7. November 1935.

Die neoklassische Architektur in diesem stürmischen Winterwetter, die breiten Boulevards, die allgegenwärtige kalte Pracht – all das war Eis für meine Seele. Ungewöhnlich viele SA- und SS-Männer waren auf den Straßen, es wurden anscheinend immer mehr, und überall sah man den Nazigruß wie einen »tic douloureux«. Vor der Feldherrnhalle, wo ein Denkmal an die sechzehn Nazis erinnerte, die 1923 bei einer Straßenschlacht in der Nähe getötet worden waren, standen zwei SS-Männer mit schwarzen Stahlhelmen und aufgepflanzten Bajonetten Wache wie Gusseisenfiguren, und der rechte Arm jedes Passanten schoss in die Höhe, als hätte er einen Stromstoß erhalten. Diese Ehrenbezeugung zu verweigern war nicht ungefährlich. Man hörte Geschichten von ahnungslosen Ausländern, auf die Fanatiker mit Fäusten losgegangen waren. Dann wurden die Straßen enger.

*Patrick Leigh Fermor, ›Die Zeit der Gaben‹, 1933/34*

München, Ainmillerstraße 34
am 7. November 1918
Liebe Klara,
in den letzten Tagen hat München etwas von seiner Leere und Ruhe aufgegeben, die Spannungen des Augenblicks machen sich auch hier bemerklich, wenngleich sie zwischen den bajuwarischen Temperamenten sich nicht gerade geistig benehmen. Überall große Versammlungen in den Brauhaussälen, fast jeden Abend, überall Redner, unter denen in erster Reihe Professor Jaffé sich hervortut, und wo die Säle nicht ausreichen, Versammlungen unter freiem Himmel nach Tausenden. Unter Tausenden auch war ich Montag Abend in den Sälen des Hotel Wagner, Professor Max Weber aus Heidelberg, Nationalökonom, der als einer der besten Köpfe und als guter Redner gilt, sprach, nach ihm in der Diskussion der anarchistisch überangestrengte Mühsam und weiter Studenten, Leute, die vier Jahre an der Front gewesen waren – alle so einfach und offen und volkstümlich. Und obwohl man um die Biertische und zwischen den Tischen so saß, dass die Kellnerinnen nur wie Holzwürmer durch die dicke Menschenstruktur sich durchfraßen – wars gar nicht beklemmend, nicht einmal für den Atem; der Dunst aus Bier und Rauch und Volk ging einem nicht unbequem ein, man gewahrte ihn kaum, so wichtig wars und so über alles gegenwärtig klar, dass die Dinge gesagt werden konnten, die endlich an der Reihe sind, und dass die einfachsten und gültigsten von diesen Dingen, soweit sie einigermaßen aufnehmlich gegeben waren, von der ungeheueren Menge mit einem schweren massiven Beifall begriffen wurden.

*Rainer Maria Rilke an Clara Rilke, 7. November 1918*

Meine liebe Anni Mewes,
gestern hatte Eisner eine Versammlung einberufen in ein Brauhaus an der Theresienwiese, der Saal erwies sich als zu klein, und so versammelte man sich unter dem Nachthimmel an sieben Tausend –; dort soll, wird erzählt, auch Bruno Frank gesprochen haben. Jeder von uns steht ja nun gewiss bei denen, die die ehrlichsten und gründlichsten Veränderungen wollen; doch zweifle ich, dass sie so spät und gegen so obstinate Hemmnisse noch leise durchzusetzen sein werden; brechen sie heftig ein, so kommt zu allen Zerstörungen eine neue dazu, die gerade uns manches zerbrechen wird. Die Kunst ist immer die Versprecherin der fernsten, mindestens übernächsten Zukunft, und darum wird eine Menge, die leidenschaftlich nach der nächsten greift, immer bilderstürmerisch gesinnt sein. Die Macht des ganz Künftigen sieht, für den ungeübten und erhitzten Blick, der Autorität der Vergangenheit zum Verwechseln ähnlich!
*Rainer Maria Rilke, ›Briefe zur Politik‹, November 1918*

Kurt Eisner, Bayerischer Ministerpräsident 1918/19.

*Sándor Márai*

*Ungarischer Schriftsteller*
*1900 bis 1989*

In München entwickelte sich jede Woche ein kleiner Straßenkampf. Die Roten waren da schon zerstreut, erschlagen, eingesperrt – aber die Roten waren letztlich nicht nur eine zählbare, registrierte Partei gewesen, die Roten hatten von Anfang an in dieser Gesellschaft ebenso gelebt wie in anderen, und in historischen Augenblicken wurden sie wie Bakterien in anilingefärbten Wassertropfen gerade nur sichtbar … Wenn Maschinengewehre ratterten, trat ich in einen Hofeingang und wartete, bis sie fertig waren. Lastwagen kamen und brachten die Verwundeten weg, endlich konnte ich die Straße überqueren und in das Café auf der gegenüberliegenden Seite gehen. Ich wunderte mich nicht sonderlich. Es war normal, dass hin und wieder Maschinengewehrfeuer die Spaziergänge meiner Jugend störte.

*Sándor Márai, ›Bekenntnisse eines Bürgers‹, 1935*

Heimkehr der Fronttruppen am Siegestor, Dezember 1918.

*Der französische Gesandtschafts- und Botschaftsangestellte Pozzi hält in seinem Gesandtschaftsbericht über den Hitlerputsch im November 1923 Folgendes fest:*

Die Bevölkerung Münchens scheint von den Nationalisten völlig gewonnen zu sein: Herr von Kahr, der beliebteste Vertreter Bayerns, ist von einem Tag auf den anderen der am meisten Verachtetste geworden.

*Zitiert nach Peter Claus Hartmann, ›Der Hitlerputsch‹, 1923*

*Robert Murphy, konsularischer Vertreter der Vereinigten Staaten von Amerika in München, berichtet am 19. März 1924 nach Washington:*

Der November-Putsch 1923 ist zwar aufs Lächerlichste gescheitert; die dahinterstehende nationalistische Bewegung in Bayern wurde jedoch keineswegs erstickt, sondern nur vorübergehend aufgehalten. Es ist damit zu rechnen, dass Hitler, der kein deutscher Staatsangehöriger ist, nach Verbüßung seiner Strafe des Landes verwiesen wird. Weitere nationalistische Tätigkeit seinerseits scheint mir, wenigstens fürs Erste, ausgeschlossen.

*Robert Murphy, 19. März 1924*

München, einst die Hauptstadt der Bewegung, hat diese kritische Phase seiner Entwicklung erfolgreich überwunden. Heute ist sie Bewegung ohne Hauptstadt.

*Helmut Qualtinger, ›Der 800-Jahr-Markt‹, 1958*

Die Zeit, für die »München« als jüdischer Erinnerungsort steht, sind die wenigen Jahre, die direkt auf das Ende des Krieges folgen. Die Jahre 1946, 1947, 1948 symbolisieren eine punktuelle Kontraktion eines vormals geografisch, kulturell und politisch weit ausladenden Erfahrungs- und Gedächtnisraumes. An diesem Ort, in München, hält die Geschichte der Juden in der Zeit danach für einen historischen Augenblick inne – unmittelbar nach jenem damals noch namenlosen Ereignis. Und es war dieser Augenblick, der sich einschrieb in die Personalien fast eines jeden in jenen Jahren geborenen Juden. Ein Ort des Übergangs also, um ein »München« im übertragenen, im metaphorischen Sinne handelte es sich allemal.

Von München aus wurden die in der zweiten Hälfte der vierziger Jahre Geborenen von den Zeitläuften überallhin verbracht – nach Israel, in die Vereinigten Staaten oder wohin auch immer. In diese Richtungen verliefen sich die Spuren der sogenannten »Displaced Persons«. In München waren sie im Wortsinne de-platziert gewesen, gleichsam entortet. Wo immer ihre Ursprünge sich auch befunden haben mochten – an diesem Zwischenort vereinte sich eine ihnen gemeinsame Passagenzeit. Ihr bürokratisches Emblem findet im Geburtseintrag »München« weltweit Verbreitung.

Das »München« der jüdischen Erinnerung post 1945 figuriert als Zeit. Als eine Zeit des Übergangs zwischen den Welten; genaugenommen zwischen zwei Phasen des Danach – der Phase nach dem Ende des Schreckens und der Phase des auf ihn folgenden Provisoriums. Dazwischen stauen sich die Spuren ganzer Zeitschichten und der ihnen affinen historischen Gedächtnisräume. Und sie stauen sich vor allem in den aller Insignien deutscher Souveränität enthobenen Gebieten der amerikanischen Besatzungszone in Bayern und Österreich. Einer Endmoräne gleich lagerten sich dort osteuropäische jüdische Zeiterfahrungen ab. Es handelte sich wesentlich um die Erlebniswelten von Juden, die dem geographisch-kulturellen Grenzsaum zwischen den historischen Gebieten

Blick durch ein zerstörtes Gebäude auf die Frauenkirche, 1945.

Polens und Russlands entstammten – dem Raum zwischen Ostsee und Schwarzem Meer. In Panik flohen sie nach Westen, in Richtung der amerikanischen Besatzungszone auf deutschem Boden – nach München. Vom Zwischenort der Zwischenzeit, von München aus drängte es sie weiter … Der spätere Begründer Israels, Ben Gurion, war eigens nach München in der Absicht gereist, die jüdische Flüchtlingsfrage in Europa mit dem zionistischen Anliegen eines hebräischen Territorialstaates in Palästina zu verknüpfen. Es ist keineswegs übertrieben, in den DPs den unmittelbaren politischen Hebel zur Staatsgründung Israels zu erkennen. So gesehen stand die Wiege des im Mittleren Osten geborenen jüdischen Staates in gewissem Sinne eigentlich in Bayern.

*Dan Diner, ›Erinnerungsort München‹, März 2007*

Der Orientexpress rollte im Münchner Hauptbahnhof pünktlich ein, was in der Nachkriegszeit recht ungewöhnlich war. Die Spuren des Krieges sahen wir schon Stunden vorher beim Durchfahren einiger Städte. Sie waren vollkommen zerbombt. Der Bahnhof, den ich auf unserer Reise nach Palästina fünfzehn Jahre zuvor gesehen hatte, bot ein erschütterndes Bild … Ich hielt mir zudem das Ziel meines Aufenthalts in Deutschland vor Augen: Ich wollte überlebenden Juden helfen, ein neues Leben aufzubauen, und alles in meiner Macht Stehende tun, damit sich ein solch unermessliches Unglück nie wiederholen würde. Ein Emissär der Jewish Agency erwartete uns bei unserer Ankunft. Uns gelang es, eines der wenigen Taxis zu ergattern. Unser Kollege gab dem dankbaren Gepäckträger fünf Zigaretten, was für uns Neulinge die erste Unterrichtsstunde in praktischer Nationalökonomie war. Über die Bedeutung der Zigaretten im besetzten Deutschland hatte ich schon in der Zeitung gelesen – die unmittelbare Erfahrung sprach aber dennoch Bände. Nicht nur Städte und Bahnhöfe lagen in Trümmern. Der Ruin der gesamten Wirtschaft spiegelte sich in Zigaretten wider … Die Wirtschaft konnte man wieder aufbauen, während das Schicksal der umgekommenen Menschen ein für alle Mal besiegelt war. Das festigte unsere Entschlossenheit, uns einer besseren Zukunft unseres Volkes zu widmen und den Tod der Märtyrer als ein Gebot zu betrachten, für die Überlebenden eine sinnvolle Zukunft zu schaffen.

*Yissakhar Ben-Yaacov, ›Leben für Israel. Erinnerungen eines Diplomaten‹, 2007*

*Der Schweizer Schriftsteller Max Frisch wandert an Ostern 1946 auf geflickten Straßen durch das zerstörte München:*

Kamine sind stehen geblieben, eine Badwanne ganz in der Höhe, eine Wand mit verblassten Tapeten, dazu die schwarzen Ornamente von Brand, die Zungen von Ruß, die Fenster voll Ferne und ziehendem Gewölk, voll Frühling. Oft blickt man von einer Straße in die andere hinüber, wenn auch durch ein Netz von rotem Rost; Reste einer niederhängenden Decke. Es ist eine Durchsicht, der kaum ein Haus widersteht; nur wenn man eine Straße hinunterschaut, gibt es nochmals den Anschein, wie es war, und man meint, nun habe man eine erhaltene Straße gefunden. Aber auch hier, wenn ich weitergehe, klafft es wieder nach beiden Seiten, und fast überall bleibt es das gleiche Bild, eine Stadt, aber geräumig und schütter wie ein Herbstwald.

*Max Frisch, Tagebuch, April 1946*

*Max Frisch*

*Schweizer Schriftsteller*
*1911 bis 1991*

Ruinen am Rindermarkt mit Rathausturm, 1945.

*»… und schritten weiter in dem Sonnenlicht in den Hofgarten.«*
T.S. Eliot

# Residenzstadt

## Adelige und Bürger

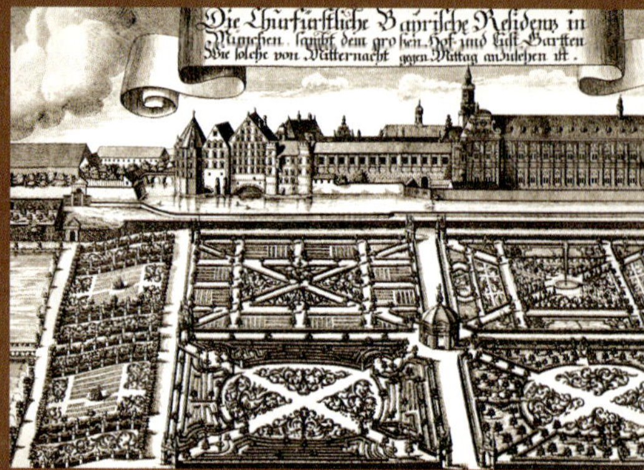


Das Spannungsverhältnis zwischen dem Leben des Adels rund um die Residenz und dem Alltag der Bürger rund um das Rathaus macht seit vielen Jahrhunderten den Reiz Münchens aus. Die Wittelsbacher prägten in ihrer fast 700 Jahre langen Herrschaft Baustil, Lebensgefühl und Atmosphäre der Stadt maßgeblich. Meist war das Leben am Hof ausgelassen, kulturell anspruchsvoll und weltoffen. Verwandtschaftliche Beziehungen verbanden den bayerischen Fürstenhof mit den großen Herrscherhäusern Europas, die Verbindungen reichten ins zaristische Russland ebenso wie nach Österreich, Preußen, Italien, Spanien und Frankreich. Man verständigte sich meist auf Französisch und überwand damit nahezu schwerelos Sprach- und Landesgrenzen.

Die Residenz, nicht das Rathaus, bestimmte die Geschicke Münchens, der Fürst und nicht der Magistrat gewährte Freiheiten oder beschnitt Bürgerrechte. Die Münchner Bürger mussten damit leben, dass Herzöge, Kurfürsten, Könige und Machthaber ihre ausschweifenden Ideen, Ziele und Konzepte durchsetzten. Oft erweiterte das den Horizont der Bürger und stärkte ihr Selbstbewusstsein. Handwerker, Geschäftsleute und Gastronomen konnten als Hoflieferanten im Umfeld der Residenz gut leben, Künstler, Musiker und Literaten aus aller Welt konnten auf das Mäzenatentum der Wittelsbacher zählen. Deren Prachtbauten, Prachtstraßen und Plätze prägen bis heute das Bild der Stadt. Das »Isar-Athen« König Ludwigs I. erkennen wir an antikisierenden Bauten am Königsplatz, am Hoftheater, auf der Theresienwiese und an der toskanischen Palastfassade der Staatsbibliothek.

Baumeister, Architekten, Kirchenmaler, Stuckateure holte man aus ganz Europa nach München. Das dokumentiert beispielsweise der 1690 fertig gestellte Bau der Theatiner-Hofkirche: Die aus Turin

stammende Kurfürstin Henriette Adelaide wollte sich ein Stück geistige Heimat nach München holen und beauftragte italienische Architekten und Baumeister. Die Fassade wurde von François Cuvilliés d.Ä. gestaltet, die Kuppel und die beiden eigenwilligen Türme von Enrico Zuccalli erbaut, der die Bauleitung von Agosto Barelli übernommen hatte. Das heitere Ensemble von Hofgarten und Theatinerkirche inspirierte noch Jahrhunderte später den Schriftsteller T.S. Eliot zu großer Literatur.
Ein anderes Beispiel: Drei Kurfürsten und die damals bedeutendsten Baumeister Europas wirkten zusammen, damit in Nymphenburg westlich der Residenzstadt München zwischen 1664 und 1739 eine der schönsten europäischen Schlossanlagen entstand. Mit dem Nymphenburger Schlosspark entwickelte sich ein Raumkunstwerk von europäischer Bedeutung.
Die Wittelsbacher bauten München systematisch zur Stadt der Wissenschaften und Bildung aus. Herzog Albrecht und seine Frau, die österreichische Kaisertochter Anna, stifteten im März 1565 die Schatzkammer. Damit begann der Ausbau der Residenz zu einem kulturgeschichtlichen Museum. Das »Antiquarium«, das erste Museum nördlich der Alpen, wurde 1571 fertig gestellt. Wilhelm V. ließ 1582 mitten in der Stadt ein Jesuitenkolleg mit der Michaelskirche errichten. Sein Vater hatte 1559 die Jesuiten nach München geholt, als geistige Stärkung bei der Niederwerfung der protestantischen »Ketzer«. Hatten sich die Vorfahren von Wilhelm V. bei der fürstlichen Selbstdarstellung in der Stadt noch auf die Residenz konzentriert, so fasste der Hof mit dem Bau des Jesuitenkonventes architektonisch endgültig im Inneren der Stadt Fuß.
Seit jeher gewährten die bayerischen Herzöge großen Denkern, die wegen ihrer Auffassungen verfolgt wurden, Schutz und

Sicherheit. Diese Tradition begann mit Ludwig IV. dem Bayern. Er war ein erklärter Gegner des Papstes und wurde 1328 zum römischen Kaiser gekrönt. Der Alte Hof in München war seine Machtzentrale. Papst Johann XXII. in Avignon, das Herrscherhaus Habsburg und sein eigener Bruder standen gegen ihn. Radikale Franziskaner, darunter der Arzt und Staatstheoretiker Marsilius von Padua, Ordensgeneral Michael von Jesena und der englische Philosoph und Theologe Wilhelm von Occam fanden an seinem Münchner Hof Unterschlupf. Das um 1284 bezogene Franziskanerkloster wurde ein Zentrum der Opposition gegen den Papst.
Jahrhunderte später beherbergte der bayerische Adelshof wieder einen prominenten Flüchtling. Mit 31 Jahren konnte Giacomo Casanova 1756 den Bleikammern in Venedig entrinnen und nach München fliehen, wo der Kurfürst dem gebürtigen Venezianer Aufenthaltsrecht gewährte. Gefallen hat es Casanova in München trotzdem nicht. »Ich habe in meinem Leben viele Torheiten begangen, indes beging ich wenige so große und alberne als die, nach München zu reisen«, urteilte er später.
Für Einheimische und ausländische Gäste sorgte der Hof für Exotik und Volksbelustigungen. Einen Reisenden aus Venedig beeindruckten 1492 die zahmen Löwen in der Residenz. »Sie spazieren unter den Leuten umher und lassen sich von jedermann anrühren.« In einem Tiergarten beim Alten Hof wurden Löwen, Leoparden, Luchse, Bären und andere Tiere öffentlich gezeigt. Als am 10. Juni 1530 der frisch gekrönte Kaiser Karl V. durch das Isartor in München einzog, bereitete ihm der bayerische Herzog Wilhelm IV. ein großes Fest. Vor der Stadt fand ein Turnier statt, gemeinsam ging man zur Jagd, und auf dem Marktplatz wurde ein nächtliches Feuerwerk gezündet. Zu Ehren des Kaisers gab es in dem »Hertzogen Lust-

garten« ein glanzvolles Bankett. Dann »ritt die Gesellschaft erst noch zum Ball auf das Rathaus, wo die schönsten Frauen des Landes bis vier Uhr morgens im Reigen sich schwangen«.

Die bayerischen Herzöge engagierten Künstler, Musiker und Philosophen von Weltgeltung. Wahre Sternstunden erlebte die Musikstadt München, als Herzog Albrecht V. den Komponisten Orlando di Lasso an den bayerischen Hof holte. Während der fast vier Jahrzehnte andauernden Ära baute Lasso die Hofkapelle zur führenden in ganz Europa auf. Am bayerischen Hof waren nicht nur Kunst und Musik italienisch, sondern auch die Literatur. Man hielt sich italienische Komödianten und verschrieb sich Hofdichtern aus den ersten italienischen Adelshäusern.

1754 kam der 31-jährige Franz Anton Bustelli aus Locarno nach München. Der Tessiner Modelleur begründete den internationalen Ruf der Nymphenburger Porzellanmanufaktur. In den acht Jahren am Hof schuf er Meisterwerke des europäischen Rokoko, die von einzigartiger Lebensfreude und Sinnenlust zeugen. Kurfürst Ferdinand Maria ließ 1654 am Salvatorplatz in einem umgebauten ehemaligen Kornspeicher das erste Opernhaus Deutschlands errichten. Berühmte Sänger und Kastraten, wie 1724 der weltberühmte Kastrat Filippo Balatri da Pisa, wurden für die italienischen, französischen und deutschen Opern engagiert. Wolfgang Amadeus Mozart bemühte sich im September 1777 um eine Anstellung am Münchner Hof. »Ich tät' München gewiss Ehre machen«, meinte das Musikgenie bei der Audienz. Doch Kurfürst Maximilian III. Joseph erkannte seine Genialität nicht und antwortete lapidar: »Aber es ist halt keine Vakatur da.«

*Orlando di Lasso in einem Brief aus München, ohne Datum (wahrscheinlich 1574) an den Hof-Futtermeister am Hof von Herzog Wilhelm.*

Mein hochverehrter, vortrefflicher Herr!

Übermorgen sind es acht Tage, dass ich mein Herr Pferd im Stall habe und noch kein Fuder Heu kaufen konnte für mein Geld. Ich habe im Wirtshaus zwei Planen Heu gekauft, für je drei Batzen. Wenn ich das ausrechne, so frisst mein Pferd pro Tag und Nacht für einen Batzen Heu, das wären im Jahr ungefähr 24 Gulden, so dass es die Unkosten nicht wettmacht. Ich habe nachgefragt, an wen man sich wenden kann, und Hari Meister hat mir antworten lassen, er könne mir mit oder ohne Geld nicht behilflich sein ohne Anweisung von Euer Wohlgeboren. So bitte ich wärmstens, Euer Wohlgeboren möchten in Eurer Güte und Liebenswürdigkeit geruhen, mir gegen Geld – anders möchte ich es nicht – so viel Heu anweisen zu lassen, dass es mir für zwei bis drei Wochen reicht. Ich hoffe, in der Zwischenzeit wird schon eine Fuhre nach Landshut kommen oder gebracht werden und ich kann mir dann selbst helfen, ohne meine Gönner zu belästigen, unter die ich Euer Wohlgeboren nicht als den Letzten zähle. Damit küsse ich Euch untertänigst und von Herzen die Hand und bin willens, es ein anderes Mal wirklich zu tun. Von zu Hause,

Euer Wohlgeboren stets dienstwilliger Orlando di Lasso

Entsteigt man der Kutsche und verlässt das große Gebäude der Königlichen Post, befindet man sich auf dem schönsten Platz der Stadt der Residenz gegenüber … Der Königsbau der Residenz ist genau nach dem Modell des Palazzo Pitti in Florenz gebaut, das Theater nach dem Odeon in Rom, das Postgebäude nach irgendeinem anderen klassischen Vorbild und alles ist von oben bis unten mit Rot, Grün und Himmelblau angemalt. Dieser Platz sieht aus wie eine jener unmöglichen Dekorationen, die Theater manchmal riskieren. Ein solides Denkmal aus rotem Kupfer in der Mitte, das den König Maximilian I. darstellt, stört als Einziges die Illusion. Die Post, ganz in Ochsenblut getüncht – hier heißt es antikes Rot –, von dem gelbe Säulen abstechen, wird durch einige Fresken in pompejanischem Stil mit Reiterdarstellungen aufgeheitert. Das Odeon zeigt in seinem Giebelfeld ein riesenhaftes Fresko in vorwiegend blauen und rosa Farbtönen, das an unsere Paravents vor fünfzehn Jahren erinnert. Die Residenz hingegen ist einheitlich in einem schönen zarten Grün gestrichen. Die vierte Seite des Platzes nehmen verschiedenfarbige Häuser ein.

*Gérard de Nerval, ›Auf Sand gebaut, Münchner Eindrücke eines Franzosen‹, 1840*

30. Juli 1772

Morgens bin ich durch die Stadt spaziert, die recht annehmbar gebaut ist, aber meinen Erwartungen nicht entsprach. Habe den Palast und die Kapelle des Kurfürsten angesehen. Einige der Räume sind sehr üppig ausgestattet, eine Anzahl schöner Gemälde. In der Kapelle nichts als Narrheiten. Habe Herrn Devisme einen Besuch abgestattet, der uns viele gute Gründe angab, warum wir ihn nicht der Mühe unterziehen sollten, dass er uns dem Kurfürsten vorstellt. Unter anderem den Grund, dass Seine Hoheit auf dem Land weilt, etwa sieben oder acht Meilen entfernt. Solche Wichtigkeit eines Chargé d'Affaires ist wirklich sehenswert, wenn auch vielleicht keine Reise nach München wert. Bin mit ihm in einen Park gegangen, wo er uns einer Reihe von Personen vorstellte, die er als Grafen und Gräfinnen bezeichnete. Gartenstil und Adel scheinen hier von recht ähnlicher Qualität zu sein.

*Philip Francis, Eintragungen im Reisetagebuch, 1772*

Residenz, Grottenhof, um 1722.

Residenz, Interieur.

Um halb zwei Uhr kam also ein Page und sagte uns an, dass wir bei der Prinzessin vorgelassen werden könnten. Herr Guardagni führte mich durch eine lange Reihe von sehr prächtigen Gemächern nach einem Vorzimmer, wo wir nur sehr kurze Zeit warteten, ehe die Kurfürstin in den Audienzsaal trat, wo man uns hineinrufte, und ich sehr gnädig empfangen ward. Ich hatte mich nach der Etikette bei dieser Zeremonie erkundigt: Sie bestünde darin, dass ich das linke Knie zu beugen hätte, wenn ich zum Handkusse gelassen würde. Nachdem dies geschehen, fing Ihro Hoheit an, sich auf die allerherablassendste und ungezwungenste Art in ein Gespräch einzulassen … Nachdem ich bei Guardagni gegessen, führte man mich in den großen Saal, worin der Kurfürst mit seiner Familie und dem Hofe noch an der Mittagstafel saß. Es ist eines der schönsten Speisesäle, die ich jemals gesehen habe.

*Charles Burney, ›Münchener Notizen‹, 1772*

31. Juli 1772

Habe den Schatz des Kurfürsten, seine Sammlung antiker Münzen und sein Antikenkabinett angesehen. Im Ersteren eine beträchtliche Menge Schmuck, üppig und wertvoll. Im Zweiten eine feine Sammlung römischer Goldmünzen; im Dritten überaus zahlreiche Auftritte römischer Kaiser (zumindest dem Namen nach), viele davon sehr wertvoll. Um halb drei Uhr setzte ich mich mit Herrn Devisme zu Tisch. Das Geschirr war silbern. Zwei Gläser essigstichiger Burgunder, den er selbst in Flaschen importiert. Zwei Gläser Tokaier. Erhob mich um halb vier von besagter Tafel, und als wir zu unserem Gasthause kamen, bestellte ich dort eine Hammelkeule. Machte eine Beobachtung. Englische Mägen und englische Hirne brauchen solide Nahrung. Herr Devisme teilt diese Meinung nicht. Am Abend war es ihm dann ein Vergnügen, uns nach Nymphenburg zu begleiten, zu einem hübschen Landsitz des Kurfürsten, der etwa drei Meilen außerhalb der Stadt liegt und wo wir eine Porzellanmanufaktur und einige schöne Gemälde vorfanden. Der Park ist nach deutschem Geschmack, kehrten halbtot vor Hunger und Müdigkeit nach Hause zurück.

*Philip Francis, Eintragungen im Reisetagebuch, 1772*

Antiquarium der Münchner Residenz, errichtet unter Albrecht V. ab 1568.

Nymphenburg ist ein Jagdschloss, eine Stunde von München entfernt. Es ist ein bemerkenswert schönes Schloss, vom verstorbenen Kurfürsten im französischen Geschmack erbaut. Ringsum befinden sich die sehr ausgedehnten Jagdgebiete des Kurfürsten. Man ist dabei, einen Kanal zu bauen, der von Nymphenburg nach München führen wird, und man hat zu beiden Seiten Baumreihen gepflanzt. Es sollen auch zu beiden Seiten Landhäuser vorgesehen sein, die der Adel bauen wird ... Am 6. (Juli), dem Namenstag des Kurfürsten, wurde ich diesem und der Kurfürstin in Nymphenburg vorgestellt. Der Kurfürst ist ein gutgewachsener Herrscher. An diesem Tag war der ganze bayerische Hof versammelt, jedermann war von seinen Ländereien gekommen, um ihm seine Aufwartung zu machen. Insgesamt mögen es gut achtzig Personen beiderlei Geschlechts gewesen sein. Zum Essen wurde ein kleines Schäferspiel aufgeführt; am Abend eine Oper: schlecht das eine wie die andere. Es gab dabei weder eine gute Musik noch eine einzige auch nur mittelmäßige Stimme. Am Abend wurde ein schönes Feuerwerk über dem Kanal abgebrannt, gut ausgedacht und gut ausgeführt und sehr kunstfertig. Das Essen war recht kümmerlich.

*Charles de Montesquieu, 1729*

*Charles de Montesquieu*

*Französischer Schriftsteller und Staatstheoretiker*
*1689 bis 1755*

Nymphenburg ist der Ort, wo sich des Sommers der Kurfürst gemeiniglich aufhält. Es ist ein prächtiges Lustschloss, drei Meilen von München. Die besten Hofmusici sind hier mit, weil seine kurfürstliche Durchlaucht alle Abende Koncert hat … Die Gärten bei diesem Lustschlosse werden für die schönsten in ganz Deutschland gehalten und sind auch wirklich so schön. Eine unzählige Menge von Fontänen, Kanälen, Wasserfällen, Alleen, Buschwerken, in gerader Linie gepflanzten Bäumen und Wäldchen, wo ein Wipfel den andern grüßt, die nach der wahren französischen Einrichtung erinnerlich werden können.

*Charles Burney, ›Münchener Notizen‹, 1772*

Schloss Nymphenburg von der Gartenseite, 1761.

Es glühten im letzten Abendscheine griechische Giebelfelder und gotische Türme; Säulen der verschiedensten Art tauchten ihre geschmückten Häupter noch in den Rosenglanz, helle gegossene Bilder, funkelneu, schimmerten aus dem Helldunkel der Dämmerung, indessen buntbemalte offene Hallen schon durch Laternenlicht erleuchtet waren und von geschmückten Frauen durchwandelt wurden. Steinbilder ragten in langen Reihen von hohen Zinnen in die Luft, Königsburgen, Paläste, Theater, Kirchen bildeten große Gruppen zusammen, Gebäude von allen möglichen Bauarten, alle gleich neu, sah man hier vereinigt, während dort alte geschwärzte Kuppeln, Rat- und Bürgerhäuser einen schroffen Gegensatz machten. Es herrschte ein aufgeregtes Leben auf den Straßen und Plätzen. Aus Kirchen und mächtigen Schenkhäusern erscholl Musik, Geläute, Orgel- und Harfenspiel; aus mit allerlei mystischen Symbolen überladenen Kapellentüren drangen Weihrauchwolken auf die Gasse; schöne und fratzenhafte Künstlergestalten gingen scharenweis vorüber, Studenten in Schnürröcken und silbergestickten Mützen kamen daher, unter offenen Hausfluren saßen wohlgenährte Spießbürger hinter gebratenen Gänsen und mächtigen Krügen und genossen den lauen Frühlingsabend; glänzende Wagen mit Mohren und Jägern fuhren vorbei und wurden aufgehalten durch einen ungeheuren Knäuel von Soldaten und Handwerksburschen, welche sich die Köpfe zerbläueten. Es war ein unendliches Gesumme überall und ein seltsamer Übergang der katholischen Festandacht und der kirchlichen Glockentöne in die laute Lustbarkeit des zweiten Osterabends.

*Gottfried Keller, ›Der grüne Heinrich‹, 1854/55*

*Gottfried Keller*

*Schweizer Schriftsteller*
*1819 bis 1890*

Der Anblick von München stößt mich ab. Die Gebäude sind im Allgemeinen riesig, teuer und hässlich und man fühlt überall, dass die Kunst durch das königliche Patronat aufoktroyiert ist.

*George Eliot (eigentlich Marian Evans), 1858*

Residenz, Hofgartenseite, um 1850.

Siegestor, um 1890.

In Paris haben wir nur einen Triumphbogen, dort sind es gleich deren zehn; Siegestor, Feldherrntor und ich weiß nicht wie viele Obelisken zu Ehren der bayerischen Krieger errichtet worden sind. In diesem Land ist es leicht, ein großer Mann zu sein. Er kann sich in der sicheren Erwartung wiegen, dass sein Name einmal in Stein oder Bronze gegraben, mindestens seine Statue inmitten eines Platzes oder hoch oben auf irgendeinem Fries zwischen weißmarmornen Siegesgöttinnen aufgestellt wird. Diese Marotte für Statuen, Vergötterung und Monumente zum Gedächtnis wird bei diesen guten Leuten so weit getrieben, dass sie fertige leere Sockel für die unbekannten Berühmtheiten von morgen bereits an Straßenecken errichtet haben.
*Alphonse Daudet, 1866*

Ein Florenz wollten sie aus München machen, doch fehlten ihnen dazu ein paar Kleinigkeiten, zum Beispiel das Florenz in seinen nichtkünstlerischen Teilen, die Florentiner Geschichte, der Florentiner Himmel und das Florentiner Volk. Ludwig hat Wunder bewirkt, und dennoch haftet allem der Charakter von Gemachtheit an. Ärmere und kleinere bayerische Städte wie Regensburg sind dadurch, dass sie historisch langsam gewachsen sind, schöner.

*Jan Neruda, ›Reisebilder‹, 1863*

Ostseite der Königlichen Residenz, 1823.

Maximiliansbrücke mit
Maximilianeum, um 1900.

München beschäftigt sich zurzeit mehr mit den Künsten des Krieges als jenen des Friedens – Es spielt nicht die Rolle eines Neu-Athen –, kein Erfindungsgeist, keine Originalität ist da zu Hause; sein Kennzeichen ist ein beständiges Plagiat, der einzige Kaulbach machte noch eine Ausnahme … Das Maximilianeum ist ein kolossales Gebäude. Aber überladen mit Statuen, Dekorationen und Fresken. Ohne das gleicht es einem Hotel garni … Die griechischen, italienischen und byzantinischen Bauten Münchens passen schlecht zu dem Typus und dem Körperbau der Einwohner – die Bayern sind Fässer, mit Armen und Beinen versehen. Man sagt über den Münchner: Er ist ein Bierfass, wenn er aufsteht, und ein Fass Bier, wenn er sich niederlegt. Der Kopf des Münchners hat die Form eines Trichters.

*Anti-Tissot, ›München und die Münchener‹, 1876*

Die Propyläen und die Glyptothek

Isar-Athen kann nur von dem Königsplatz den Namen erhalten haben, denn hier ist so viel Griechisches zusammengedrängt, dass man unwillkürlich nach Athen sich versetzt fühlt. Noch mehr gerührt wird das Herz eines Neugriechen, der an diesen Stätten steht, wenn er die auf den inneren Wänden der Propyläen sich befindenden Namen liest. Sind sie ja alle aus der Geschichte der Freiheitskämpfe der Neugriechen entnommen, die jedem Hellenen so nahe stehen. Namen wie Rhigas, Ferraios, Byron, Hieros Lochos usw. kann ein Neugrieche in der Fremde auf fremden Gebäuden nicht lesen, ohne dass die Tränen ihm in die Augen kommen … Auf der Rückkehr betrachtete ich den Obelisk am Karolinenplatz und konnte damals als Grieche nicht verstehen, wie 30 000 tapfere Bayern fast freiwillig für fremde Sache ihr Leben in Russland lassen konnten.

*Antonios Sigalas, ›Erinnerungen‹, 1910*

Die Münchner könnten getrost eines ihrer Siegestore oder die Propyläen oder auch ein Stück der Neuen Pinakothek verkaufen und sich dafür ein bisschen Pflaster, bessere Kanäle und besseres Trinkwasser kaufen.
*Jan Neruda, ›Reisebilder‹, 1863*

Die Neue Pinakothek, um 1865.

Brunnentempel im Hofgarten, 1959.

Cafés, Modistinnen, Juweliere und Buchhändler »geben sich pariserisch«. Aber eine lange Reihe von Fresken, auf denen die heroischen Tage Bayerns, von Landschaften Italiens unterbrochen, dargestellt sind, zeugen von Arkade zu Arkade von der Leidenschaft des Ex-Königs dieses Landes für die Malerei, für jede Malerei, wie es scheint ... Der von diesen lehrreichen Arkaden umrahmte Hofgarten ist schachbrettartig bepflanzt und von geringer Ausdehnung. Nach dieser Seite geht auch die Palastfassade, an der noch Handwerker arbeiten; sie weist eine recht imponierende Front auf. Geht man auf der Artenseite an ihr entlang, kommt man zu einer weiteren Fassade, bestehend aus lauter uneinheitlichen Gebäuden, zu denen auch die Allerheiligen-Hofkirche, das gelungenste moderne Bauwerk Münchens, gehört.

*Gérard de Nerval, ›Auf Sand gebaut, Münchner Eindrücke eines Franzosen‹, 1840*

Viel später erst sah ich das Schönste für ein griechisches Herz in der Fremde: die Bilderdarstellungen in den Arkaden im Hofgarten. Ich sage das Schönste für einen Neugriechen, weil uns Neugriechen die Freiheitskämpfe gegen die Türken viel, viel näher stehen als das alte Griechenland. Es sind 39 Bilder, die mit dem begeisterten Freiheitsdichter Rhigas beginnen und bis zur Landung König Ottos in Nauplia reichen ... Weißt Du, was das heißt, in der Fremde und durch die Fremden aufmerksam gemacht zu werden auf die eigene Geschichte?
*Antonios Sigalas, ›Erinnerungen‹, 1910*

Hofgartenarkaden, 1959.

In einer Gasse sah ich gotische Spitzbögen und Strebepfeiler, und weiter in der Ferne schwebten kupferne Kuppeln über üppigem Barock. Eine Jungfrau auf einer Säule herrschte über einen abschüssigen Platz, dessen eine Seite ein hohes neogotisches Bauwerk bildete, durch dessen große Arkaden man in ein Gewirr kleinerer Straßen gelangte.
*Patrick Leigh Fermor, ›Die Zeit der Gaben‹, 1933/34*

Im Hofgarten erspähte ich ihn dann wieder. Mit jener Freundesmiene, die ihm auch der »Jardin du Luxembourg« verlieh, schlenderte er hindurch, mangels Kindern und Hunden die verstreuten steinernen Löwen streichelnd, deren Anwesenheit jetzt kaum noch gerechtfertigt schien, da Schnee die Muster der Blumenrabatten bedeckte.

*Jean Giraudoux, ›Siegfried oder Die zwei Leben des Jacques Forestier‹, 1920*

Blick von der Theatinerkirche auf den Hofgarten, 1959.

April ist der grausamste Monat, er treibt
Flieder aus toter Erde, er mischt
Erinnern und Begehren, er weckt
Dumpfe Wurzeln mit Lenzregen.
Winter hielt uns warm, bedeckte
Land mit Schnee des Vergessens, nährte
Karges Leben mit trocknen Knollen.
Sommer überfiel uns, kam über den Starnberger See
Mit Regenschauer; wir rasteten im Säulengang
Und schritten weiter im Sonnenlicht in den Hofgarten,
Tranken Kaffee und plauderten eine Stunde.
Bin gar keine Russin, stamm' aus Litauen, echt deutsch.
Und als wir Kinder waren, beim Großfürsten wohnten,
Meinem Vetter, fuhr er mit mir Schlitten,
Und ich fürchtete mich. Er sagte, Marie,
Marie, halt dich fest. Und hinunter gings.
In den Bergen, da fühlst du dich frei.
Ich lese tief in die Nacht, und im Winter geh' ich in den
Süden.

*T.S. Eliot, ›The Waste Land‹, 1922*

*T. S. Eliot*

*Amerikanischer Schriftsteller*
*1888 bis 1965*

Kunst-Handlung
GALERIE
SEIDENADER
EINGANG
SEIDENADER's
KUNST-SALON
Ausstellung
NUR ERSTER
moderner Meister
Entrée
GEMÄLDE-
Ausstellung
EXHIBITION
OF
Oil-Paintings
ENTRÉE

*»Seichtes kümmerliches Leben. Kleingeisterey, am liebsten bin ich unter jungen Malern, die besser aussehen als ihre Bilder.«*
Heinrich Heine

# Kulturstadt

## Vom Erblühen der Künste

München – das war noch bis Ende des 18. Jahrhunderts hinein die gemütliche, altbayerische Bauernstadt, wo sommers die Heuwägen über meist schlecht befestigte Straßen holperten und am »Grünen Baum« an der Isar die Flöße anlegten; wo auf dem Marienplatz Marktweiber aus dem Umland Kartoffeln und Rüben feilboten und vor allen Wirtshäusern die Botenfuhrwerke standen. Es gab kaum Industrie, dafür viele kleine Handwerksbetriebe. Die Menschen waren katholisch und dem Hofe treu ergeben. Diese beinahe verschlafene Residenz- und Garnisonstadt, in der ein Heer von Beamten und Soldaten lebte, war eingefasst von mittelalterlichen Befestigungsanlagen mit Stadtmauern und Stadttoren. Wer nicht dazugehörte oder nicht willkommen war, musste draußen bleiben. Umgeben war die Stadt von Wiesen und Feldern, in denen die Dörfer Neuhausen, Au, Haidhausen, Giesing, Bogenhausen, Schwabing lagen.Erst iIm 19. Jahrhundert bekam München das großstädtische, an Italien erinnernde Gesicht, das bis heute Besucher aus aller Welt ins Schwärmen bringt.

Allein zwischen 1805 und 1834 verdoppelte sich die Einwohnerzahl von 45 000 auf knapp 90 000 Einwohner. Gleichzeitig wurde aus der Stadt ein bedeutendes Zentrum für Kunst und Kultur. Die Entscheidung Napoleons, Bayern 1806 zu einem Königreich aufsteigen zu lassen, nutzte nach Maximilian I. (reg. 1799–1825) vor allem sein Sohn Ludwig I. (reg. 1825–1848). Er verwandelte die Hauptstadt des Königreichs in nur wenigen Jahrzehnten in ein »Athen des Nordens«. Noch als Kronprinz ließ er von Leo von Klenze mit der Glyptothek ein Antikenmuseum errichten, das den Besucher mit griechischen und römischen Skulpturen erfreute. Die umfangreichen Wittelsbacher Gemäldesammlungen mit über 8500 Werken und 281 Meisterwerken der Porzellankunst erhielten mit dem Bau

der Alten und Neuen Pinakothek angemessene Präsentationsbauten. Der schier unüberschaubare Zuwachs von mehr als 200 000 kostbaren Büchern und Handschriften aus den infolge der Säkularisation zwangsenteigneten Klöstern bekam mit der neuen Staatsbibliothek an der Ludwigstraße ein zweckmäßiges Domizil.
Der Aufstieg Münchens zur Stadt der Künste und Wissenschaften ging mit der Berufung berühmter Wissenschaftler und Gelehrten einher. 1806 nahm der 31-jährige Philosoph Friedrich Wilhelm Joseph Schelling seine Lehrtätigkeit in München auf. Zu ihm strömten die jungen Philosophen aus ganz Europa. Schon drei Jahre zuvor hatte Schelling Caroline Schlegel geheiratet, die geistvollste Frau der Romantik. 1807 besuchte ihn die 41-jährige französische Schriftstellerin Germaine de Staël. Ihre Eindrücke von München hielt sie in ihrem dreibändigen Werk ›Deutschland‹ fest. Schelling hielt zur Eröffnung der Kunstakademie im Mai 1808 die Festrede. Mit der späteren Berufung der in Rom tätigen Maler Peter Cornelius, Julius Schnorr von Carolsfeld und Heinrich Maria von Hess eroberte die Akademie europäischen Rang.
Mit dem ausgehenden 18. Jahrhundert nahmen immer mehr Bürger am öffentlichen Musikgeschehen teil. Seit 1777 waren die Hofkonzerte öffentlich zugänglich. Ab 1793 wurden im Redoutensaal an der Prannerstraße »Liebhaberkonzerte« veranstaltet. Nach dem Abriss des baufälligen Salvatortheaters wurde 1811/12 das »Theater am Isartor« gegründet, wo bis 1825 Volksstücke, Possen und Singspiele zur Aufführung kamen. Bereits als Kronprinz ließ Ludwig I. 1811 nach Abbruch des Franziskanerklosters am Südende der Residenz den Grundstein zum »Kgl. Hof- und Nationaltheater« legen. Im Oktober 1818 wurde es eröffnet, brannte aber bereits nach vier Jahren bis auf die Grundmauern nieder. Leo von Klenze,

der Hofarchitekt Ludwigs I., baute es in nur eineinhalb Jahren wieder auf. Er schuf das »Odeon«, damals Münchens schönsten und akustisch besten Konzertsaal. Die »Sing-, Lese- und Tonhalle« wurde 1828 eröffnet und fasste 1500 Besucher.
Im November 1826 ließ Ludwig I. die Universität von Landshut nach München verlegen. Die neu berufenen Professoren kamen von außerhalb Bayerns, so der Publizist und Religionsphilosoph Josef Görres, der den Lehrstuhl für »allgemeine und Litterärgeschichte« bekam. Mit seinem Schriftstellerfreund Clemens von Brentano ging er gerne im Hofgarten spazieren. Auch Heinrich Heine hoffte 1827 darauf, in München Professor für deutsche Literatur zu werden, und harrte in Wartestellung im Rechbergpalais aus. Doch Ludwig I. mochte seine spitze Feder nicht. Im selben Jahr kam noch ein zweiter Düsseldorfer nach München: der 42-jährige Schriftsteller, Offizier und Diplomat Karl August von Varnhagen. Seiner Frau Rahel schrieb er: »München ist wirklich sehr lebhaft durch die vielfachen Regungen in Künsten, Wissenschaften, bürgerlichen und politischen Dingen.« Nachdem Ludwig I. 1848 abdanken musste, setzte sein Sohn Maximilian II. (reg. 1848–1864) seine Berufungspolitik fort. Er holte den Chemiker Justus von Liebig, die Historiker Sybel und Giesebrecht, die Dichter Emanuel von Geibel und Paul Heyse, den Theatermann Dingelstedt und den Übersetzer Friedrich von Bodenstedt nach München. Das Volk nannte die zum Teil arrogant auftretenden Herrn verächtlich »Nordlichter«.
Mit dem Bau der Eisenbahn wurde München von weit her erreichbar. Viele künstlerisch begabte Jugendliche aus aller Welt entdeckten die Stadt, um an der Kunstakademie das akademische Malen zu studieren. Unter den angehenden Malern aus Mitteleuropa bildeten die Polen mit Jozef Brandt, Simon Hollosy, Jan Mateijko, Wladislaw

Malecki, Jozef Simmler, Franciszek Streitt und Franciszek Tepa die stärkste Gruppe. Auch ausländische Professoren waren willkommen, wie der Ungar Alexander (Sandor) Wagner oder der Slowene Anton Azbe. Er eröffnete 1891 eine private Zeichen- und Malschule, die hauptsächlich Studenten aus Osteuropa besuchten. Sein bedeutendster Schüler war der Russe Wassily Kandinsky, der bei Azbe die Landsleute Igor Grabar und Alexej Jawlensky kennenlernte. Schon bald wechselte Wassily Kandinsky an die Kunstakademie und wurde Schüler des Malerfürsten Franz von Stuck. Viele später international renommierte Maler wie der Niedersachse Wilhelm Busch, der Kölner Wilhelm Leibl, der Italiener Giorgio de Chirico oder der Berner Paul Klee haben als Studenten an der Münchner Kunstakademie klein angefangen.

Bis zum Ersten Weltkrieg blieb München der Ort, wo die Kunst blühte, wo über sie diskutiert, wo sie bewundert und auch gekauft wurde. Private Malschulen, Galerien, Ausstellungssäle und Gesellschaften, die Künstler unterstützten, entstanden. Kunstverein und Künstlergenossenschaft ermöglichten den Künstlern wie nirgendwo sonst in Europa den Zutritt zum großen Markt der Kunst. Der Ruf der Kunststadt überdauerte die Nazi-Zeit. Als die Sängerin von »Lili Marlen«, Lale Andersen, in den Fünfzigerjahren öfter in München war, stellte sie fest, dass »wir Künstler in München Sonntagskinder sind. Ich bin immer verzaubert, wenn mich die Metzgerin oder der Milchmann fragen, ob ich schon in der Paul-Klee-Ausstellung war oder ein bestimmtes Theaterstück gesehen habe. In welcher Stadt passiert Ihnen schon so etwas, dass der einfache Mensch sich für Kunst interessiert?«

München, du Herrliche, für welche dein großer kunstsinniger König alles getan hat, um dich für das zu entschädigen, was dir die Natur verweigerte, München, wo die Augen frei durch lange, breite, gerade Straßen und über ungeheure Plätze schweifen und ihnen das Herz folgt und auch weit aufgeht. München, du Bazar der Kunstwerke und Heimat der Künstler, München, du Hopfenbekränzte, mit einer eigenen Stadt von Bräuhäusern, Bierwirtschaften und Kellnern, ich will keine Eulen nach Athen tragen, ich will und kann deine Merkwürdigkeiten nicht beschreiben.

*Franz Franz Castelli, 1855*

Franken, Schwaben und Bayern waren vor der Errichtung der jetzigen Münchner Akademie ungemein träge und eintönige Länder; keine Künste, die Musik ausgenommen, wenig Literatur, ein harter Dialekt, der sich nur schwer der Aussprache der romanischen Sprachen anbequemte, keine Gesellschaft; große Zusammenkünfte, die eher langweiligen Feierlichkeiten als einer vergnüglichen Unterhaltung glichen, kriechende Höflichkeit gegen eine Aristokratie, der alle feinen Manieren fehlten, Gutherzigkeit und Biederkeit bei allen Ständen, dabei aber eine gewisse lächelnde Steifheit und Gezwungenheit, die Behaglichkeit und Würde nicht aufkommen lässt.

*Germaine de Staël, ›Über Deutschland‹, 1807*

Das Münchener Jesuitenkolleg in der Neuhausergasse galt als eine weithin berühmte und geschätzte Ausbildungsstätte für Musiker. Wenn auch keiner der großen Meister aus ihr hervorgegangen ist, so erfuhren hier doch zahlreiche Talente, so auch der größte Teil der bayerischen Klosterkomponisten, eine ausgezeichnete Schulung. Obwohl dieses Studienseminar ursprünglich die Musik nur neben den üblichen Gymnasialfächern berücksichtigte, wurde die Erstere mit der Zeit immer mehr zum Hauptfach, weshalb die Anstalt häufig auch als das »Seminarium musicale« bezeichnet wurde. Als Musiklehrer wirkten hier stets Mitglieder der Hofmusik. Das Seminar hatte seine eigene Kirchen-, Konzert- und Theatermusik. Neben der Kirchenmusik an St. Michael hatten die Zöglinge auch den Musikdienst bei verschiedenen Kongregationen zu versehen. Da konnte man die Seminaristen mit ihren Instrumenten bald nach Schwabing, bald nach Forstenried, bald nach Berg am Laim, bald nach Perlach wandern sehen, um die Gottesdienste, welche heute diese, ein andermal eine andere Kongregation in den dortigen Kirchen halten ließ, durch ihre Instrumente auszuzieren. Auch bei Wallfahrten nach Andechs oder Tuntenhausen, oder etwa bei der Kirchweihe in der Jesuitenwallfahrtskirche Möschenfeld fehlten die Musikschüler nicht. Die Komponisten, deren Werke von ihnen vorgetragen wurden, gehörten hauptsächlich dem Kurfürstentum Bayern an.

*Charles Burney, ›Reisetagebuch, Münchener Notizen‹, 1772*

*Burney wohnte der festlichen Aufführung einer Opera buffa im damaligen kleinen Hoftheater am Salvatorplatz bei. Auch der Hof war anwesend.*

Des Abends ging ich nach der komischen Oper auf dem kleinen Theater, wobei der Kurfürst, die Kurfürstin, die verwitwete Kurfürstin von Sachsen, der Markgraf von Baden und die Herzogin von Bayern anwesend waren … Nach der Oper aß ich wieder zu Abend mit eben der Gesellschaft, womit ich zu Mittag gegessen hatte, und hatte wieder das Entzücken, Trios zu hören, die so gesungen wurden, dass man niemals hoffen kann, dergleichen öffentlich zu hören, und auch in vertraulicher Gesellschaft möchte es sehr schwer halten.

*Charles Burney, ›Reisetagebuch, Münchener Notizen‹, 1772*

Die bayerische Hofkapelle beim Musizieren im Georgs-Saal, Mitte 16. Jh.

Für die Musik ist hier ungemein viel Empfänglichkeit, und sie wird vielfältig ausgeübt, doch will mir vorkommen, als mache fast alles Eindruck und als wirkten die Eindrücke nicht lange nach. Ganz merkwürdig ist der Unterschied zwischen einer Münchner und einer Berliner musikalischen Gesellschaft; ist in Berlin ein Musikstück geendigt, so sitzt die ganze Versammlung in tiefer Stille da wie die Richter eines Tribunals, jeder nach seinem Urteile suchend, keiner ein Zeichen der Teilnahme oder seiner Meinung gebend. Hier hingegen gibt es nichts Lustigeres, als in Gesellschaft zu spielen; die Leute empfangen augenblicklich Eindrücke und müssen sie auch sogleich wieder aussprechen; sie fangen wohl gar mitten in einem Stück zu klatschen oder Beifall zu rufen, und es ist nichts Seltenes, wenn man nach dem Spielen wieder aufsieht, dass man keinen mehr auf dem Platz findet, den er im Anfang eingenommen, weil sie zuweilen mittendrin auf die Finger sehen wollen und sich ums Klavier stellen oder irgendeine Bemerkung einem andern mitteilen und sich deshalb neben ihn setzen usw. Nur glaube ich, dass in ein paar Tagen viel von der Lebhaftigkeit des Eindrucks verwischt ist.

*Felix Mendelssohn Bartholdy an Goethe, Brief vom 16. Juni 1830*

*Felix Mendelssohn Bartholdy*

*Deutscher Komponist*
*1809 bis 1847*

*Die Kunstzeitschrift ›Aurora‹ berichtete vom ersten Konzert Niccolò Paganinis in München:*

Die Leute drängten sich schon vormittags im Cassazimmer und stießen sich abends an der »Cassa con furore«, um den Göttermann zu sehen und zu hören. Sie hatten die ausgesuchtesten Hyperbeln und Lobextreme im Mund und einige Taler in den Taschen. Die Taler waren schon gleich beim ersten Andrang weg, wanderten in die Cassa und formierten sich dort zu einer völlig ausgebildeten Einnahmehyperbel ... Paganini erschien und gab den bündigen Beweis, dass er das dauerhafteste Trommelfell von der Welt besitze. Die Leute schrien und applaudierten so inbrünstig, dass man vermeinte, mitten in einer tobenden Meeresbrandung zu sitzen; Paganini wurde fünf Mal stürmisch empfangen und vier Mal hervorgerufen, und das Publikum ward gar nicht müde, dem seltenen und seltsamen Manne die glänzendsten Beifallsvariationen vorzustürmen.

*›Aurora, Blätter für Kunst, Wissenschaft und geselliges Leben‹, 22. November 1829*

Das Kgl. Theater in München bei einer Aufführung der ›Walküre‹, 1870.

Wegen des Krieges ist hier alles in Aufregung und es ist jetzt hier nicht angenehm für einen Fremden, daher am besten, nach Hause zu gehen … In München habe ich zwei Mal ›Walküre‹ und ein Mal ›Rheingold‹ gesehen und ich muss sagen, dass ich dadurch noch mehr erkenne, dass Wagner in Wirklichkeit der Reformator der Oper und ein großer Mann ist. Auch den König habe ich gesehen, als ihm die Bürger eine Ovation bereiteten, weil er sich für die Beteiligung am Kampfe gegen Napoleon ausgesprochen hat. Sie riefen ihm »Hoch« und »Vivat« zu, und er neigte sich aus dem Fenster und dankte. Mir gefällt dieser bayrische König, so jung, so fröhliche Wangen und schön. Der Enthusiasmus ist hier groß für ihn. Und jetzt mit Gott! Unser Geld ist hier im Kurse so gefallen, dass auch das mich nötigt, bald zurückzukehren, wenn ich nicht großen Schaden erleiden will.

*Bedrich Smetana an seine Frau, Brief vom 22. Juli 1870*

*Mark Twain*

*Amerikanischer Schriftsteller*
*1835 bis 1910*

An einem Abend besuchte ich ein Konzert in München. Die Leute strömten herein, der Uhrzeiger zeigte auf sieben, die Musik begann, und augenblicklich hörte jegliche Bewegung im Saal auf – niemand stand noch oder lief durch die Gänge oder klapperte an seinem Sitz herum; der Strom der Hereinkommenden war plötzlich an seiner Quelle versiegt. Ich lauschte ungestört einem Musikstück, das fünfzehn Minuten dauerte – immer darauf gefasst, dass ein paar säumige Kartenbesitzer sich vor meinen Knien vorbeizwängen würden, und immerzu angenehm enttäuscht –, aber kaum war der letzte Ton verklungen, strömt es von neuem. Man hatte nämlich die Nachzügler von Anfang bis zum Ende der Musik in dem behaglichen Warteraum festgehalten … Einige von ihnen waren recht vornehme Vögel, aber das machte gar nichts, sie mussten draußen in dem langgestreckten Warteraum unter den prüfenden Blicken einer Doppelreihe livrierter Lakaien und Zofen ausharren, die mit dem Rücken die Wände stützten und die Siebensachen ihrer Herren und Herrinnen auf den Armen hielten.
*Mark Twain, ›Bummel durch Deutschland‹,* 1878

In der großen Münchner Galerie, welche weit mehr Gemälde besitzt als die Dresdener, nur nicht so viele italienische Meisterstücke, finden sich mehrere Gemälde von Velasquez, Murillo und einem anderen spanischen Meister, dessen Name mir im Augenblick entfallen ist. Diese spanischen Malereien haben alle einen unbeschreiblich imposanten Charakter von Tiefsinnigkeit, glühendem Gefühl und Majestät des Ausdrucks gemeinsam ... Die merkwürdigsten Gemälde dieser Galerie sind übrigens eine Madonna von Raffael, eine Himmelfahrt Marias von Guido Reni und ein paar wahrhaft göttliche Bilder von Albrecht Dürer, in denen er Raffael vollständig ebenbürtig ist. Sie stellen St. Johannes und St. Paulus vor, wie sie St. Petrus und St. Markus vorlesen. Das letztere Bild haben die Bayern aus Nürnberg geraubt, woselbst man nunmehr auf der Burg die Kopien zeigt.

*Per Daniel Amadeus Atterbom, ›Menschen und Städte‹, 1818*

Die Alte Pinakothek von Südost, 1847.

In der Stadt will ich dann fleißig die Pinakotheken, das Kupferstichkabinett und die Schackgalerie besuchen und viel Schönes besehen, weil es das Milieu ist, für das, was meine Sehnsucht und mein Glaube ist in diesen zehn Tagen – die »Freude auf die Rückkehr«.

*Rainer Maria Rilke an Lou Andreas-Salomé, Brief vom 5. September 1897*

Die Schackgalerie, um 1890.

München und die Königliche Münchner Kunstakademie waren Anfang der achtziger Jahre des vorigen Jahrhunderts als das zweite – nach Paris – europäische Zentrum berühmt, wo Ausländer aus der ganzen Welt zusammenkamen, um ihre Ausbildung in der Kunst zu erwerben. Das habe ich schon längst von dem Maler Werbel gehört, der als Erster eine Bahn nach München für die russischen Künstler gebrochen hat. Wenn ich mich an meine Studienjahre erinnere, kann ich nur sagen, dass ich damit sehr zufrieden war. Hier habe ich zum ersten Mal und gründlich zeichnen gelernt … Ich trat in die Akademie in dem letzten Jahr ein, als der Maler Piloty, weltberühmt durch seine historischen, riesengroßen und langweiligen Bilder, dort noch Direktor war. Er hat allerdings die Akademie auf eine weder vor noch nach seiner Zeit gesehene Höhe gebracht, so dass viele München zum Studium – insbesondere zum Zeichenstudium – bevorzugten und nicht Paris.

*Leonid Pasternak, 1883*

*Der Maler Leonid Pasternak war der Vater des berühmten russischen Schriftstellers Boris Pasternak.*

Vor 25 Jahren war ich auf der Münchener Akademie, anderthalb Jahre lang. Mein damaliger Lehrer, Marr, ist inzwischen sicher Rektor der Akademie geworden, aber ich habe bei ihm nichts gelernt. Wenn man es streng nimmt, habe ich nur von den alten Meistern gelernt, die ich gründlich studiert habe.

*Giorgio De Chirico, ›Die Presse‹, Prag, 19. April 1935*

Ansicht der Kunstakademie, 1890.

Beim Antiquitätensammler, um 1900.

Von Abbazia gelangten Elizabeth und ich endlich nach München, das damals einen wahren Bienenstock künstlerischer und intellektueller Betätigung darstellte: die Straßen mit Studenten überfüllt, jedes Mädchen mit einer Mappe oder einer Notenrolle unter dem Arm, alle Auslagefenster wahre Schatzkammern seltener Bücher, alter Bilder und fesselnder Neuerscheinungen. Diese künstlerische Atmosphäre im Verein mit den herrlichen Sammlungen der Glyptothek und Pinakothek, der herben Gebirgsluft, die von den sonnigen Bergen wehte; die Atelierbesuche beim silberhaarigen Meister Lenbach, der Umgang mit den Kapazitäten der philosophischen Schule – dies alles verlieh mir die Kraft, mich wieder meiner unterbrochenen intellektuellen Lebensbetätigung zu widmen. Ich begann Deutsch zu lernen, Schopenhauer und Kant im Original zu lesen, und bald konnte ich mit wahrer Freude den längsten Vorlesungen von Künstlern, Philosophen und Musikern folgen, mit denen wir dann allabendlich im Künstlerhaus zusammentrafen.

*Isadora Duncan, ›Mein Leben - meine Zeit‹, 1903*

Am nächsten Tage besuchte ich zum ersten Male die Universität, deren Mauern mir später so lieb werden sollten. Unsagbare Freude empfand ich, als ich die über der linken Türe des nördlichen Hofes stehende griechische Inschrift las, auf die mich mein Begleiter aufmerksam machte: »Das Erforschen eines jeden Dings soll über alles gelten, was nützlich erscheint.« Später bei der Antrittsfeier wurde meine Bewunderung noch größer, als ich in die große Aula eintrat, wo mitten auf der Wand (über den Professorensitzen im Hintergrunde) die Aurora in Mosaik gemalt ist, neben anderen Figuren aus der griechischen Mythologie, und ringsherum glänzen die goldenen Worte: »Strahl der Sonne, schönstes Licht!« Ganz gerührt kam ich aus diesem Saale heraus. Was ich in Griechenland gehört habe von der großartigen Pflege des altgriechischen Geistes und seiner Schöpfungen, konnte ich hier mit eigenen Augen sehen. Auch später musste ich die Erfahrung machen, dass ganz einfache Leute in München immer wenigstens etwas von Griechenlands Vergangenheit wussten. Und erst ein Student! Der Unterschied war nur, daß die einfachen Leute reine Bewunderung spendeten, dagegen mancher Student in echt bayerischer Offenheit seinen Abscheu vor dem »schwierigen Griechisch« mir ausdrückte.

*Antonios Sigalas, ›Erinnerungen‹, 1910*

Als Kind sprach ich sehr viel Deutsch (meine Großmutter mütterlicherseits war eine Baltin). Die deutschen Märchen, die ich als Kind so oft hörte, wurden lebendig. Die jetzt verschwundenen hohen, schmalen Dächer am Promenadeplatz und am Maximiliansplatz, das alte Schwabing und ganz besonders die Au, die ich einmal zufällig entdeckte, verwandelten diese Märchen in Wirklichkeit. Die blaue Trambahn zog durch die Straßen wie verkörperte Märchenluft, die das Atmen leicht und freudig machte. Die gelben Briefkästen sangen von den Ecken ihr kanarienvogellautes Lied. Ich begrüßte die Aufschrift »Kunstmühle« und fühlte mich in einer Kunststadt, was für mich dasselbe war wie Märchenstadt.
*Wassily Kandinsky, ›Rückblick‹, 1931*

*Wassily Kandinsky*

*Russischer Maler*
*1866 bis 1944*

Am Auermühlbach, um 1930.

»… elles me laissent wurst, absolument …« Ich soll jetzt diese wunderbare Schillersprache gut lernen. Es geht doch nicht so schlecht.
*Le Corbusier, 1910*

In München, wo man als Student für fünf Mark Theater-Stehplätze bekam, schaute ich mir eine aufwendige Inszenierung des ›Faust II‹ an, und auf dem Weg aus dem Theater hörte ich, wie ein Mann mittleren Alters seiner Frau kichernd folgende »vollständige und hinreichende« Zusammenfassung des Stücks darbot: »Er geht von einer Sensation zur anderen – aber keine Befriedigung.« Die Respektlosigkeit des Mannes, seine banausische Belustigung über sich, belustigte auch mich.
*Jonathan Franzen, ›Die Unruhezone‹, 2007*

Das Kgl. Hof- und Nationaltheater am Max-Joseph-Platz, um 1850.

Nach vielen kaum angedeuteten Plätzen, vielen erst geplanten Straßen, wo Leuten, die dort bauen wollen, wie in den Wüsten Amerikas kostenlos Grundstücke zur Verfügung gestellt werden, kommt man zur Glyptothek, das heißt zum Museum der Skulpturen. Man ist dermaßen griechisch in München, dass man in Athen notgedrungen bayerisch sein müsste, wenigstens haben sich die echten Griechen darüber beklagt. Das Gebäude selbst ist in seinen Proportionen so antik, dass die zum Eingang führenden Stufen nur von Titanen erklommen werden können; eine kleine Treppe auf der Seite hilft diesem Missstand ab … Im Inneren befinden sich große Säle, die die ganze Höhe des Gebäudes einnehmen. Sie sind durchweg mit dieser dunkelroten Farbe gestrichen, welche die Stadtführer so beharrlich als »echtes antikes Rot« bezeichnen. Die sich davon abhebenden Ornamente wiederum weisen jenen pompejanischen Stil auf, dessen wir durch unsere Cafés, unsere Passagen und die Dekorationen der Post schon so überdrüssig sind.

*Gérard de Nerval, ›Auf Sand gebaut, Münchner Eindrücke eines Franzosen‹, 1840*

*Bereits 1931 hatte Julien Green den »Barberinischen Faun« in der Glyptothek in der alten Pracht des Bacchussaales besucht. Kurz nach dem Zweiten Weltkrieg traf er den Faun in seinem elenden Notquartier vor abbröckelndem, blaugrünem Stuckmarmor und vor nacktem Ziegelwerk an, wie seine Fotos von 1950 dokumentieren. Die Skulptur war am 8. März 1950 als »Spätheimkehrer« aus seiner Kriegsverlagerung im Schloss von Tegernsee nach München zurückgekehrt. Dem damals achtzig Zentner schweren Koloss wollte man jede Zwischenstation ersparen und brachte ihn deshalb gleich in den notdürftig hergerichteten Bacchussaal.*

*Julien Green*

*Amerikanischer Schriftsteller französischer Sprache 1900 bis 1998*

Heute morgen bin ich in den Ruinen der Glyptothek gewesen, um den »Barberinischen Faun« zu sehen, den einzigen Bewohner dieses riesigen zerstörten Museums. Man muss mit dem Fuß gegen die Eisentür treten, damit der Wärter kommt, aber der Faun erwacht nie aus diesem verzauberten Schlaf, der schon so viele Jahrhunderte währt. Man geht durch weite Säle unter offenem Himmel, deren Mauern die Spur der Flammen tragen. Der Faun steht in einer Ecke, unter einer Art Dach, das man ihm aus Brettern errichtet hat. Er ist vom Schlaf übermannt. Man kann kaum über diese Statue sprechen, ohne in eine Begeisterung zu verfallen, die mir fremd ist. Die Kopie von Bouchardon erschien mir immer ziemlich langweilig. Es ist die sinnlichste Statue der Welt und die schönste der griechischen Statuen seit den archaischen Kuroi.

*Julien Green, ›Statuen sprechen‹, 1950*

Der ›Barberinische Faun‹ in der klassizistischen Glyptothek vor der Kriegszerstörung.

*»Ein liederliches, sittenloses Nest / voll Fanatismus, Grobheit, Kälbertreiber / voll Heil'genbilder, Knödel, Radiweiber …«*
Gottfried Keller

# Lebensgefühle

## Rechts und links der Isar

Das Lebensgefühl in München hing ganz entscheidend davon ab, ob man von rechts oder links der Isar stammte. Jeder Stadtteil hat seine einzigartige, historisch gewachsene Ausstrahlung. Die Bauerndörfer entlang der Isar, die später zu Vorstädten wurden, sind größtenteils älter als München und oft bereits im 8. und 9. Jahrhundert beurkundet. Am rechten Ufer dehnte sich zwischen den Dörfern Haidhausen und Giesing die Au aus. Zwei Hauptbrücken verbanden sie mit München. Der Chronist Adolph von Schaden hatte 1835 den Eindruck, dass »die Einwohner der Au zu den ärmeren, zuweilen zu der ärmsten Klasse unserer Gesamtbevölkerung gehören; es sind meistens Maurer, Zimmerleute, andere kleine Handwerker, Wäscher und unzählige Tagelöhner. Diese Leute führen eine eigene Lebensweise. Im Sommer findet die aufgehende Sonne sie alle schon auf den Beinen; die meisten der Familienväter ziehen nun mit ihren Frauen und größeren Kindern in die Stadt, um dort für Taglohn bis abends zu arbeiten.«
1854 wurden Au, Haidhausen und Giesing mit ihren 21 000 Einwohnern in die bürgerlich geprägte Residenzstadt München eingemeindet, die auf der anderen Seite der Isar lag. Die Mischung aus bäuerlichem Dorf und weltgewandter Hauptstadt macht bis heute das besondere Flair Münchens aus. Loben Reisende wie der dänische Dichter Hans Christian Andersen das »Isar-Athen«, haben sie die von König Ludwig I. angelegten antikisierenden Plätze, Straßen und Bauten vor Augen, ein »modernes« München also, das erst im 19. Jahrhundert entstand. Diese einzigartige Kulisse aus Gebäuden, die man eher in Rom oder Florenz vermuten würde, gleicht nach Meinung des italienischen Schriftstellers Giorgio Manganelli einem Bühnenbild, in dem sich die Münchner wie Schauspieler sicher bewegen. Sobald sich der erste Sonnenstrahl zeigt, zieht es sie ins

Freie, etwa auf die Stufen der Glyptothek oder in die Hofgarten-cafés, wo sie unter blauem Himmel das »süße Nichtstun« genießen. Die vielen Straßencafés entlang der Maximilian- und Leopoldstraße mit quirligem, buntem Publikum nähren zudem die Illusion, dass München die nördlichste Stadt Italiens sei.

Die Isar fügt die rechte und linke Uferseite Münchens wie Kitt zusammen und verbindet verschiedenste Stadtteile miteinander: Obersendling, Harlaching, Thalkirchen, Sendling, Isarvorstadt, Au, Lehel, Haidhausen, Schwabing, Bogenhausen, Oberföhring. In früheren Zeiten rauschte der Gebirgsfluss aus dem Karwendel an München vorbei, weil man ihm mit gutem Grund misstraute. München war 1158 also im sicheren Abstand zur Isar gegründet worden. Noch im Mittelalter war die schon von den Kelten und Römern »reißend« genannte Isar deutlich vor den Toren der Stadt gelegen, denn sie hatte als bedrohlich, als »frei gewaltig wazzer« gegolten. Nach dem engen Isartal hatte sie sich in unzählig geschlängelte Nebenarme aufgeteilt und sich einen unberechenbaren Weg durch das breite Kiesbett gesucht.

Seit den Eingemeindungen von 1854 fließt die Isar mitten durch die Stadt. Nun begann man innerhalb des Stadtbereichs, den in zwei Arme gespaltenen Fluss - die »große« und die »kleine« Isar - zur wirtschaftlichen Nutzung in ein künstliches steinernes Bett zu zwängen. Innerhalb der Pupplinger Au im Süden der Stadt durfte sich der Fluss noch austoben, doch nördlich davon begann die Zähmung. Das raubte der Isar zwar den einstigen Charme als wilder Gebirgsfluss, das grün schimmernde Wasser blieb ihr aber gottlob erhalten. Die Tönung des Wassers verdankt sie einer Mixtur aus Steinmehl, Algenwuchs und bestimmten Lichtreflexionen. Für Samuel Beckett war die in ihr Betonbett gezwängte Isar 1937 »ein

Pipi-Flüsschen«. Erst vor wenigen Jahren begann die Stadt damit, sich ihr bestes Stück Natur in ihrem Herzen zurückzuholen und das Bett der Isar in eine voralpine und ungezähmte Gebirgsflusslandschaft zurückzuverwandeln. Die kreierte Wildnis aus Kies, Büschen, hohem Gras und Bäumen wird von den Münchnern gern angenommen. Sie brauchen jetzt nicht mehr zur Erholung in Scharen aufs Land zu fahren, sondern nutzen die vor ihrer Haustür entstandene 13 Kilometer lange Freizeitlandschaft.

Für jeden ist in dieser »Oase der Glückseligkeit ohne Eintrittsbillets« etwas dabei. An heißen Sommerwochenenden kommen Zigtausende Menschen, um gemeinsam zu grillen, im Wasser zu plantschen, Boot zu fahren oder nackt in der Sonne zu liegen. Kolonnen von Familien radeln mit vollen Picknickkörben die Uferwege entlang. Spaziergänger durchstreifen die neuerdings blumenreichen Wiesen, und Jogger rennen auf den bewaldeten Hochwasserdämmen. Die Isar gehört allen.

Besonders bei Föhn treibt es die Münchner hinaus ins Freie. Dann ist die Luft glasklar und die Zugspitze zum Greifen nahe, so dass man einzelne Felsvorsprünge zu fassen glaubt. In Wirklichkeit ist der höchste Berg Deutschlands 91 Kilometer vom Marienplatz entfernt. Diese optische Täuschung verdankt München dem Föhn. Wenn dieser trockene, teils böige Fallwind aus den Alpen von den Bergkämmen hinunter durch das Loisachtal und Isartal jagt, erwärmt er sich. Die Temperatur kann dann innerhalb von wenigen Stunden bis zu 15 Grad steigen, die Luftfeuchtigkeit von neunzig auf dreißig Grad fallen. Der Münchner Himmel ist dann strahlend blau, am Firmament hängen wie Wattebällchen weiße Federwolken, die Farben gewinnen an Intensität und Leuchtkraft und das Idyll wäre perfekt, würde der Föhn nicht viele Menschen mit heftigen Kopfschmerzen plagen. Der

Schriftsteller Carl Amery nannte diese Stimmung einmal »den weißblauen Prunk-Baldachin der Selbstzufriedenheit«.
Der Föhn macht fühlbar, dass München, wie Turin und Mailand, eine Großstadt in Alpennähe ist. Vom Turm des »Alten Peter« am Marienplatz kann man bei guter Fernsicht bis zu den blauen Kalkalpen mit ihren weißen Schneekuppen sehen. Das Lebensgefühl in München ist ganz entscheidend von dieser geografischen Lage geprägt. In welcher deutschen Großstadt sonst sieht man in der U- und S-Bahn in dicke Anoraks gepackte junge Menschen mit schweren Schuhen, die ihre Abfahrtsski und Snowboards fest in der Hand halten? Die Berge locken die Münchner besonders an Wochenenden aufs Land hinaus, im Sommer zum Bergsteigen, im Winter zum Skifahren und Langlaufen. In nur gut einer Stunde ist man mit dem Auto in den Bergen, in Kufstein, Füssen oder Garmisch. Es verwundert deshalb nicht, dass 39 Prozent der Münchner bei einer repräsentativen Umfrage der Zeitschrift ›Geo‹ im Jahr 2003 angaben, dass die Nähe zu den Alpen einer der größten Vorzüge Münchens ist. Aber auch das vielfältige Angebot an Theatern, Museen, Kinos, Konzertsälen und Opern wissen die Münchner zu schätzen. Immerhin 37 Prozent gaben an, dass sie wegen des kulturellen Angebots München als Wohnort wählten, gefolgt von 31 Prozent, die wegen der Nähe zu Starnberger- und Ammersee gerne in München leben.
Die Mischung aus Alpen und Föhn, Dorf und Metropole, Freizeit und Kultur, Tradition und Moderne macht wohl das besondere Lebensgefühl Münchens aus. Der schwedische Regisseur Ingmar Bergman nannte es das »unerhört vitale Kulturklima«, womit aber bestimmt nur teilweise zu erklären ist, warum so mancher nur in der Isarmetropole und nirgendwo sonst leben will.

Unter den Alpen, wo der Hopfen sich über die Hochebene rankt, liegt Germaniens Athen. Hier ist das Leben billig, hier sind viele Kunstschätze zu sehen, und ich habe hier viele liebenswürdige Menschen gefunden, die mir teuer geworden sind; dennoch möchte ich nicht hier leben, wo die Kälte stärker ist als in Dänemark. Die kalten Winde von den Alpen streichen eisig kalt über das hochgelegene Bayernland, und die Alpen selbst locken wie der Berg der Venus: »dorthin! dorthin!« singen sie. Hinter diesen dunkelblauen, kühnen Bergen liegt Italien. Jede Stadt, von dem ewigen Rom bis zu unserm grabesstillen Soroe, hat ihren eigentümlichen Charakter, mit dem man vertraut werden, ja gleichsam verwachsen kann; aber München hat von allen Städten etwas, man weiß nicht recht, ob man im Süden oder im Norden ist; ich wenigstens wurde hier von einer Unruhe, einer Lust, von dannen zu ziehen, erfüllt … Alles schien mir hier im Widerspruch: Katholizismus und Protestantismus, griechische Kunst und bayerisches Bier.

*Hans Christian Andersen, ›Eines Dichters Bazar‹, 1840*

Taxifahrer am Droschkenstand, 1950er Jahre.

Die Einwohner Münchens sind für ihre Seelenruhe bekannt. Es ist die beschaulichste Bevölkerung, der man in Deutschland begegnen kann. Sie sind zuvorkommend, gutmütig, gesellig, ohne Dünkel oder Chauvinismus. Ganz München mit seiner Stadtplanung, seiner Ebene, dem dunstblauen Schatten der Berge in der Ferne, mit seinen Parks und seiner ästhetischen Atmosphäre, in der die Stadt atmet, lebt und denkt, ist eine Oase ruhiger Gelassenheit. Viele Besucher aus dem Ausland bestätigen, wie sehr diese Stadt die Nerven beruhigt. Wenn das geschieht, heißt das, dass nicht nur leblose, sondern vor allem natürliche Faktoren eine Rolle spielen. Die Münchner mit ihrer Kultur, ihrem Charakter und ihrer Tradition besitzen verschiedene Eigenschaften, derentwegen man sie, was sie selber sehr begrüßen würden, Antipreußen nennen müsste.

*Zacharias Papantoniou, 1934*

München liegt inmitten einer Sand- und Stein-Ebene, die an Derbheit und Brutalität erinnert. Der Bayer ist unkultiviert und raufsüchtig. Der rasche Temperatur-Wechsel macht München zur Hauptstadt des Rheumatismus.
*Anti-Tissot, ›München und die Münchener‹*, 1876

München war beides: Großstadt und Dorf, ländliche Idylle und eines der großen künstlerischen Zentren, das wegen seiner Traditionsverbundenheit und üppigen Lebensromantik die ganze Welt angezogen hat, insbesondere junge Künstler, Bohemiens und Sansculotten sowie sonderbare Naturmenschen, die mit verwilderten Bärten und Haaren, in phantastischen Kostümen und Fetzen auf den Straßen, in Lokalen und Vergnügungsstätten wie Urmenschen erschienen. Orang-Utans und Gorillas, die dem großen, grotesken, futuristischen Fasching ein noch gewaltigeres, komplexeres Kennzeichen verliehen.
*Josip Kosor, ›Die Große Autobiographie‹*, 1928

Der Münchner Bürger arbeitet weniger und genießt mehr wie irgendein anderer. Überhaupt ist es der Gedanke an den Genuss, der ganz München elektrisiert. Und der höchste Genuss, ein gutes Glas Bier, wie leicht und wie billig ist er zu haben! Wer drei Kreuzer in der Tasche trägt, kann eintreten, in welches Kaffeehaus oder in welchen Garten er will; er wird aufs Prompteste bedient und bekommt, als immer schmeckende Zugabe, ein freundliches Gesicht obendrein. Mag über alles dies hochmütig witzeln, wem es behagt: Es liegt etwas Wohltuendes darin, dass Menschen der verschiedensten Klassen, die anderwärts schneidend-scharf voneinander abgesperrt sind, hier ein und dasselbe Bedürfnis haben und es in einem und demselben Local befriedigen. Es ist für den Geringen eine Art Satisfaction, wenn er zuweilen mit dem in der Gesellschaft höher Gestellten in irgendeine, wenn auch noch so gleichgültige Berührung tritt, und diese Satisfaction ist ihm zu gönnen, da er, weit entfernt, zudringlich und prätentiös zu sein, sich grade in der Nähe des über ihm Stehenden am meisten zu bescheiden weiß.
*Friedrich Hebbel, ›Reiseeindrücke‹, um 1838*

Soweit ich hier von allen Vernünftigen höre, hat man wenigstens hinsichtlich der Denk- und Redefreiheit nichts zu befürchten. Süddeutschland korrespondiert wirklich mit Schweden darin, dass im Gemüt des Volkes auch hier, wie in unserem Norden, ein frischer, unausgesogener, kräftiger Boden liegt, aus welchem die edlen Samenkörner, die jetzt dort ausgesät werden, zwar langsamer emporschießen als in Norddeutschland, aber nach aller menschlichen Berechnung zu reicherer und dauernderer Ernte. In Norddeutschland, zum Beispiel in Berlin, scheint mir eine abstrakte, eitle Vergeistigung zu herrschen, ein gefährliches Unvermögen, welches an Dürre und Verwelkung grenzt.

*Per Daniel Amadeus Atterbom, ›Menschen und Städte‹, 1818*

Das Leben der Münchener Studentenschaft verlief fast ausschließlich in Cafés. Es gab Universitätscafés, Cafés des Polytechnikums, Künstlercafés usw. Das Bier, der Kaffee, das Billardspiel, das Lesen einer Zeitung, Witze, allerlei Streiche, der Flirt mit den Kellnerinnen, das Sitzen mit ihren »Schätzen« bis spät in die Nacht – das war der Inhalt dieses Lebens. Jeder Student muss unbedingt einen »Schatz« haben ... entweder eine Kellnerin oder eine Modistin oder eine kleine Büroangestellte. Die Sitten waren in München sehr patriarchalisch und primitiv; weder die »Schätze« noch ihre Mütter – die selbst einmal »Schätze« waren – erschwerten das ohnehin schon schwere Leben des Kleinbürgertums mit den Problemen der Geschlechtsmoral, sie betrachteten die Sache einfach und geschickt. Die Zahlungen von Alimenten regelten die Sache ausgezeichnet.

*Igor Grabar, ›Erinnerungen‹, um 1895*

Die Münchener Erinnerungen stiegen so stimmungsvoll in mir auf, als ich die Grüße in Wort und Farben von Ihnen entgegennahm. Wie gerne wäre ich wieder da unten! Denn dort bin ich doch so innerlich daheim. Aber es gibt ja so vielerlei im Leben, was sich den Wünschen und der Sehnsucht eines Menschen hemmend in den Weg stellt.

*Henrik Ibsen an Helene Raff, Brief vom 30. März 1892*

Blick vom Haidhauser Hochufer auf die Praterinsel, 1827.

Kranzniederlegung am Denkmal für Max von Pettenkofer.

Hatte München sich überhaupt verändert? Allerdings hatte ich es kennengelernt, als ich eben erwachsen war und gerade Schrittmaß und Kennerblick fand, aber noch nie hatte ich Denkmäler so lebenswahr gefunden wie hier. Pettenkofers Gesicht strahlte förmlich von Hygiene und Ähnlichkeit.

*Jean Giraudoux, ›Wiedersehen mit München‹, 1920*

*Franz Kafka an Gottfried Kölwel, Dezember 1916 nach der Lesung in der Münchner Galerie Goltz, für Franz Kafka ein Fiasko.*

Ich war hingekommen mit meiner Geschichte als Reisevehikel, in eine Stadt, die mich außer als Zusammenkunftsort und als trostlose Jugenderinnerung gar nichts anging, las dort meine schmutzige Geschichte in vollständiger Gleichgültigkeit, kein leeres Ofenloch kann kälter sein, war dann, was mir hier selten geschieht, mit fremden Menschen beisammen, von denen mich Pulver eine Zeitlang geradezu betörte.

Herbergshäuser in der Vorstadt Au, um 1930.

Die Münchener Bürger kümmerten sich nicht um Politik, und ihr ererbter Liberalismus äußerte sich nicht im Freihandel, sondern in einer Duldsamkeit gegen den Rausch, die Besoffenen. Freie Bahn dem Besoffenen, das war die Parole. Die Museen mussten wegen dem Fremdenverkehr errichtet werden, der blühte. Jeder Maler war Professor, die Schwabinger beliebt, der Geist geduldet, die Künstlerfeste, dazu musste man die Kunst haben. Der Mittelstand erwies wieder mal seine Kulturaufgabe, als der Stand, der die Kultur trägt. Der Kitsch blühte, Zarathustra tanzte und Isar-Athen war so gemütlich, die Stadt der Musen, der Bohème, dieser bürgerlichen, spießigen Anarchisten und des deutschen Museums, dieses Wunderwerkes der Technik.

*Ödön von Horváth, ›Charlotte. Roman einer Kellnerin‹,* 1929

Markt, um 1950.

Man kann in München italienisch, jugoslawisch, spanisch, türkisch, indonesisch, chinesisch, man kann in einigen Lokalen sogar international essen; sonst kann man in München nicht essen. Zur Entschädigung dafür gibt es den Dallmayr – unseres Wissens wahrscheinlich das größte Delikatessen- und Spezialitätengeschäft Europas. Vom Reiswein bis zum Agavenschnaps, von chinesischen Wachteleiern bis zu afrikanischen Palmherzen gibt es dort alles, was sich das Wirtschaftswunder leisten kann. Und noch mehr. Wir hegen den Verdacht, dass man hier sogar Inzersdorfer Eiernudeln bekommt.

*Helmut Qualtinger, ›Der 800-Jahr-Markt‹, 1958*

Delikatessengeschäft
Dallmayr, 1949.

Klingt »Mün-chen« für ostasiatische Ohren schon an sich chinesisch, so verstärkt sich dieser Eindruck, wenn es typisch bayerisch »Ming-g(u)a« ausgesprochen wird. Denn das könnte auf Chinesisch etwa »berühmtes Land« heißen. Irgendwie scheinen die Bayern erahnt zu haben, dass es sich so mit ihrer großartigen Hauptstadt verhält. Warum sonst würden so viele Besucher aus aller Welt nach München kommen, auch wenn es gerade kein Oktoberfest gibt. Das bayerische »Ha?«, das ich häufig auf meine Fragen hin zu hören bekam, klang für mich wie ein freundliches japanisches »hai« (ja). Bei so häufiger (vermeintlicher) Zustimmung machte es mitunter richtig Spaß, in die Fremdsprache einzudringen. Nie hätte ich erwartet, dass sich zum Beispiel auf eine einfache Frage ein Gespräch in so einer Weise entwickeln könnte: »Wo bitte ist das Rathaus, wo die Puppen tanzen?« – »Ha? S` Rothaus? Do!« – »Wann beginnt das Spiel?« – »Um Elfe« – »Wie oft wird gespielt am Tag?« – »Keine Ahnung« oder: »Oiwei« (Immer). – »Wo ist die Kasse? Ich muss mir die Eintrittskarte besorgen!« Entsetzter Ausdruck in den Gesichtern der befragten Münchner. »Eintritt?! Nein, das kostet nichts, natürlich nicht! Jeder kann das anschauen, so oft und so lange, wie er will.« Ohne Eintritt! Für mich war das unvorstellbar, dass so etwas den Menschen kostenlos geboten wird. In Japan musste man für alles bezahlen. Hier dürfen die Menschen sogar den Verkehr auf dem Rathausplatz stark behindern oder zum Erliegen bringen, weil die Puppen tanzen.

*Miki Sakamoto, ›Münchner Freiheit. Fernöstliche Blicke auf die Weltstadt mit Herz‹, 2007*

*Miki Sakamoto*

*Japanische Schriftstellerin geboren 1950*

*Ingmar Bergman*

*Schwedischer Theater- und Filmregisseur*
*1918 bis 2007*

Ein heißer Wind erhebt sich in den Wüsten Afrikas, geht durch Italien, klettert über die Alpen und gibt dabei Feuchtigkeit ab, fließt über die Hochebene, stößt auf München. Am Morgen kann Schneeregen sein und minus zwei Grad, und mittags, wenn du aus dem Theaterdunkel heraustrittst, ist über zwanzig Grad, die Luft zittert durchsichtig – drückende Hitze. Die Alpenkette am Horizont ist plötzlich so nahe, dass man sie mit der Hand greifen kann. Die Menschen und Tiere werden verrückt. Verkehrsunglücke nehmen zu, wichtige Operationen werden zurückgestellt und die Theaterproben enden emotionell geladener als gewöhnlich. Die ganze Stadt wird elektrisch. Ich leide unter Schlaflosigkeit und bin gereizt. Der Wind heißt Föhn und wird zu Recht gefürchtet. Die Zeitungen berichten darüber mit großen Rubriken und die Münchner trinken Weizenbier mit einer saftigen Zitronenscheibe im Glas.

*Ingmar Bergman, ›Mein Leben‹, 1987*

Blick vom Turm des Deutschen Museums auf die Isar.

Unregelmäßig zwar, aber dafür immer dann, wenn das, was er freigibt, auch ganz besonders eindrucksvoll wirkt. Es sind dies die Tage mit Föhn. Sie lassen die Berge zum Greifen nahe erscheinen. Der Münchner Himmel wird dann tatsächlich ganz »bayrisch weiß und blau«. Das Blau kommt vom Süden, von Italien her. Das Weiß liefern die vom Föhnblau von den Bergen fortgeschobenen Wolken.
*Miki Sakamoto, ›Münchner Freiheit. Fernöstliche Blicke auf die Weltstadt mit Herz‹, 2007*

München ist für mich eine der einzigartigsten Städte in Europa … Sagen wir, es ist ein einziges Bühnenbild. Aber fügen wir hinzu, dass man dies wörtlich nehmen muss. Das Bühnenbild ist ein täuschendes Ensemble von Figuren, die etwas vorspiegeln, das existieren kann oder nicht; aber sicherlich ist das Bühnenbild ein vorsätzlicher Betrug, eine fromme Lüge. Das Faszinierende an München ist genau dieses: Es ist eine künstliche Stadt. München strahlt eine überspannte Extravaganz aus, die man nicht übersehen darf. Diese Phantasie beim Einrichten einer königlichen Hauptstadt, diese leicht verrückte Grille, extravagant, luxuriös, ein wenig exhibitionistisch, dieser heitere Hang zum Schnörkel wird begleitet von einer urtümlichen Lebensfreude, als ob die Münchener die klugen und ein wenig faulen Untertanen eines verrückten Königs wären … Und alle, auch die Fremden, werden wie in einem Königspalast empfangen, und alle erscheinen wie im Theater, wie im Spiel, als ob sie ein wenig faule, aber immer liebenswürdige Untertanen wären.
*Giorgio Manganelli, ›München, eine verrückte und künstliche Stadt‹, 1993*

Außerdem mag ich München sehr, ich mag die Musik, ich mag diese Stadt. Es ist schön hier zu wohnen, zu leben. Das Leben ist in dieser Stadt unerhört stimulierend, und wenn auch meine dortigen Flitterwochen zu Ende sind und das deutsche Kritiker-Corps nicht gerade mit Samthandschuhen arbeitet, so wird in München doch in einem unerhört vitalen Kulturklima geschrieben und debattiert … Auch in München kann man lange spazieren gehen. Die Schweden und die Bayern sind nicht so weit voneinander weg. Sie sind ziemlich ähnlich. Mit dem Kontakt habe ich keine Schwierigkeiten gehabt.

*Ingmar Bergman, ›Mein Leben‹, 1987*

Straßencafés an der Leopoldstraße, um 1980.

Die Isar ist ein Pipi-Flüsschen, verglichen mit dem lyrischen Main bei Würzburg und der heroischen Donau bei Regensburg – wie sie den Regen empfängt, ohne Wellen zu schlagen. Der Stahlbeton der Museumsinsel macht die Sache auch nicht besser. »Wie versenkt man eine Insel?«
*Samuel Beckett, Tagebuch, März 1937*

*Samuel Beckett*

*Irischer Schriftsteller*
*1906 bis 1989*

Die pfeilschnell fließende Isar verzweigt sich, manchmal allerdings künstlich, in zu viele und zu schwache Arme, als dass die Stadt durch den Anblick eines großen Flusses gewänne. Weit um die Stadt erstreckt sich eine unschöne, unfruchtbare Ebene; erst in den hintersten Nebeln schimmern die schneebedeckten Berge.
*Jan Neruda, ›Reisebilder‹, 1863*

An der Isar mit Blick auf die Altstadt-Kulisse.

Auf einer Wiese, draußen in der Isar, spielen sie Fußball, alle mit bloßem Oberkörper. Andere sitzen am Ufer, reihenweise wie die Möwen. Werktag. Sogar die Zeit erscheint wie Ramsch; ohne Eigentümer wie der Helm, den ich in einem Trichter mit Schutt und verrosteten Büchsen finde.
*Max Frisch, Tagebuch, April 1946*

Wie schon früher, kam ich in München an – es war Nacht. Die Stadt hat noch immer jenes eigene besondere Parfum. Es ist der Duft der Linden, einiger weniger Fabriken und der Alpenblüten. Hier wehen von den Alpen Wolken frischer und alkoholgetränkter Luft herunter, welche die Brust anschwellen lässt. Die Isar fließt rauschend durch Parks, und ihre Farbe ist kupfern-grün. Ich liebe die Isar und all die vielen hohen Dächer, über denen Tauben, grau und silbern, fliegen. Ich kam in diese Stadt wie zu einer treuen Geliebten, welche die ewig langen stürmischen Winter auf mich gewartet hat.
*Slavko Batusic, ›Tage im Land Germanien‹, 1924*

Isar-Rauschen.

Gasthof goldenes Lamm
v. Theodor Krausenecker
Gasthof Goldenes Lamm von Theodor
Türkische
Tee-Stube

*»Sogar die nobelsten Damen gehen ins Kaffeehaus und trinken da – nicht Kaffee, sondern so zum Spaß eine Maß Bier oder zwei.«*
Gottfried Keller

# Begegnungen

## Münchner Kaffeehaustradition

Die Kaffeehaustradition in München ist eng mit dem Namen Tambosi verbunden. Das Café am Odeonsplatz ist das Münchner Kaffeehaus mit einer der ältesten und reichsten Geschichte. Gegründet hat es der kurfürstliche Lotterieeinnehmer Giovanni Pietro Sarti, genannt Pantalon, aus Venedig. 1774 erhielt er die Genehmigung, unter den Arkaden des Hofgartens »coffee«, »chocolats«, »lemonats« und andere »refraichissements« zu verkaufen. Bereits vier Jahre später wurde es ihm gestattet, an der Hofgartenmauer vor der Reitschule ein kleines Kaffeehaus zu erbauen. Seine Idee war schon deshalb von Erfolg gekrönt, weil seit 1780 der Hofgarten für die Öffentlichkeit zugänglich war. Sarti führte neben den üblichen Getränken welsches kandiertes Backwerk, viele unmittelbar aus Italien importierte Spezialitäten und Obst. Der findige Venezianer hatte die Konzession für beides: Er war »Kaffeeschenk« und »Traiteur«, was bedeutete, dass in seinem Etablissement Kaffee getrunken und warme Speisen gegessen werden durften.

Das war bis 1804 die Ausnahme. Dann wurde per Dekret die strikte Trennung zwischen Speiselokal und Kaffeeschenke aufgehoben. Sarti gehörte wie sein späterer Nachfolger Tambosi zu der besonders seit Kurfürstin Henriette Adelheid von Savoyen sehr zahlreichen italienischen Kolonie in München. Nach seinem Tod 1796 wechselte das Kaffeehaus mehrmals den Besitzer, bevor Luigi Tambosi im Oktober 1810 das zierliche Kaffeehaus im Schatten der mächtigen Reitschule pachtete. Zu diesem Zeitpunkt sprach er kein Wort Deutsch und befand sich erst zwei Monate in der Stadt. 1825 wurden Hofgarten-Kaffeehaus und Reitschule gemeinsam abgerissen und machten Platz für das mehrstöckige klassizistische Gebäude in der heutigen Gestalt. Mit dem Neubau war ein Kaffeehaus neuen Stils entstanden: nobel in der Ausstattung und hochwertig im

Angebot. Rasch entwickelte es sich zum vornehmsten Café und war bei Adel und noblen Bürgern gleichermaßen beliebt. Das bezeugt ein Zeitgenosse 1840: »Wer die Eleganz der französischen und Wiener Lokale in München suchen wollte, irrt sich. Nur eins macht den Anspruch, in diesem Sinne fashionable zu sein: Tambosi unter den Arkaden am Eingang des Hofgartens. Dies ist ein von künstlerischer Hand geschmücktes Café mit allen begehrten Vorzügen. Tambosi ist das Gesellschaftshaus der jungen Leute. Dort kannst du die ausgezeichnetsten Schauspieler und Musiker, die vorzüglichsten Maler, Literaten, Studenten, vornehme Offiziere, interessante Fremde, die besten Karten- und Billardspieler kennenlernen.«
Giovanni Pietro Sarti und Luigi Tambosi waren aber ganz und gar nicht die ersten Kaffeesieder in München. Siebzig Jahre vor Sarti hatte bereits der französische Schauspieler Brieder das bis dahin in München gänzlich unbekannte dunkle Gebräu angeboten. Etwa von 1704 stammt auch die älteste Abbildung eines Münchner Kaffeehauses. Es lag in der ehemaligen Schwabinger Gasse, heute Residenzstraße, und war von 1699 bis 1730 im Besitz des Hofzuckerbäckers Claudi Surat – wohl auch ein Franzose und nachweislich ab 1708 ein Kaffeeschenk.
Brieder und Surat hatten die Geschäftsidee aus ihrer Heimat importiert, wo es zumindest in Paris seit 1643 Kaffeestuben gab. Der Zeitpunkt für München war günstig gewählt, denn während der österreichischen Okkupation von 1705 bis 1714 wollten die in München Dienst tuenden österreichischen Beamten und Militärs keineswegs auf Kaffee verzichten. Sie kannten ihn aus Wien, wo unmittelbar nach der Befreiung von der türkischen Belagerung die ersten Cafés entstanden waren. Es dauerte aber gut hundert Jahre, bis die Kaffeehaus-Kultur in München salonfähig war, denn es gab auch viel

Widerstand: Da waren zum einen die Besitzer der renommierten Bier- und Wein-Gaststätten, die Umsatzeinbußen befürchteten. Da waren zum anderen Moralapostel, die Kaffee und Tabak als gesundheitsschädlich verdammten. Auch waren die Kaffeesieder des 18. Jahrhunderts ein bunt gemischtes, nicht sehr vertrauenerweckendes Völkchen von ausländischen Schauspielern, Tändlern, Lakaien, Kammerdienern, Hoftrabanten, Mundköchen und Hofschreibern, die sich mit der Kaffeesiederei ein Zubrot verdienen wollten. Hatte München 1726 erst sieben Kaffeehäuser, waren es trotz alledem 1804 bereits 31, und dreißig Jahre später 41 Kaffeeschenken. Die Güte des Kaffees reichte von »vorzüglich« bis zur »bloßen Gelbenrübenbrühe«.

Es gab Kaffeehäuser jeglicher Couleur: Einige wurden von allen Schichten der Bevölkerung besucht, von den Bettlern und Handwerksburschen bis zum Adel, andere nur von Damen, wieder andere vor allem von Marktfrauen und Köchinnen. Es gab ausgesprochene Zeitungscafés wie das Café Probst in der Neuhauser Straße, von Weinwirt Franz Paul Probst 1856 als vornehmes Kaffeehaus eingerichtet. Viele Skandinavier, darunter auch der norwegische Schriftsteller Henrik Ibsen, waren dort wegen der ausliegenden skandinavischen Zeitungen Stammgast. Ibsen verkehrte aber auch im Café Maximilian, damals Treffpunkt der literarischen Welt der Stadt. Wenn er mit langem Gehrock und spiegelndem Zylinder das Café betrat, standen schon eine halbe Bier und ein Glas Kognak auf dem Marmortischchen, das für ihn immer reserviert war.

Das 1888 neu eröffnete Café Luitpold lief dem benachbarten Café Tambosi den Rang ab. Neben Angehörigen des Herrscherhauses und des Adels besuchten auch berühmte Literaten wie Stefan George, Frank Wedekind, Ludwig Thoma und Ludwig Ganghofer

das damals vornehmste Café Münchens, das mit allerhöchster Genehmigung den Namen des Prinzregenten führen durfte. Durch einen Säulengang kam man in eine prunkvolle zweischiffige Halle mit Deckengemälden und Wandfriesen. Die Rokokosäle und der Schlachtensaal waren mit Plastiken, Brunnen, Spiegeln und Gemälden verschwenderisch ausgestattet.
Neueröffnungen an der Peripherie Schwabings wie 1896 das »Café Stephanie« oder 1900 das »Café Noris« entwickelten sich rasch zu Treffpunkten von Studenten, Künstlern, Schauspielern und Literaten. Diese Cafés waren Wärmestube, Obdach, Debattierclub, Nachrichtenumschlagplatz und Wohnzimmer in einem. Im »Simplicissimus«, das Kathi Kobus im Mai 1903 in der Türkenstraße eröffnete, boten Stammgäste wie Erich Mühsam und Joachim Ringelnatz zudem für ein bescheidenes Abendessen und einen Schoppen Wein ein vorzügliches Abendprogramm. Im nahe gelegenen »Schelling-Salon«, der 1872 im Stil eines Wiener Café-Restaurants eingerichtet wurde, stieß nach dem Ersten Weltkrieg die Welt der Möchtegern-Künstler und verkrachten Existenzen mit der Welt der Handwerker, Büroangestellten, Schieber und Ladenbesitzer zusammen. In der Schellingstraße, wo seit 1925 das Parteihauptquartier der NSDAP lag, ließ sich der Aufstieg der Nationalsozialisten besonders gut studieren. Ödön von Horváth, der als Abkömmling einer österreichisch-ungarischen Diplomatenfamilie mit der Kaffeehaustradition schon von Kindesbeinen an vertraut war, genoss es, bei Kaffee und Zeitungslektüre stundenlang die Leute zu beobachten. Daraus entstand große Literatur – wie so oft im Kaffeehaus.

Und nun war ich in München, dieser alten, feierlich prächtigen, von Menschen wimmelnden Stadt … Bei dem allen wird man selten in einem Lande eine allgemeinere, heißhungrigere Lehrbegierde antreffen als in Bayern. Auf den sogenannten Dulten oder Messen werden die protestantischen Buchhändler meist ausgekauft. Der gewöhnliche Gesprächsstoff auf Kaffeehäusern, bei Tafeln und in großen Gesellschaften ist literarischen Inhalts. Da ich bald in die besten Häuser eingeführt wurde, so stutzte ich nicht wenig, die ersten Damen des Hofes bei welschen französischen, auch englischen Schriftstellern anzutreffen und meist ein treffendes Urteil über ihre Leserei von ihnen fällen zu hören. Deutsch lasen sie damals noch wenig. Ohne Damengunst war in München gar nicht fortzukommen.

*Christian Friedrich Daniel Schubart, 1773*

Café Baumann, Löwengrube 1, um 1920.

Ansonsten ist das Volk gutherzig, redlich und vertrauensselig. In den Kaffeehäusern beispielsweise, sowohl in weniger als auch mehr eleganten, sah ich niemals, dass ein Gast die Kellnerin zum Zahlen gerufen hätte, wenn sie nicht gerade neben ihm stand. Er legte den Rechnungsbetrag auf die Untertasse und ging fort; die Kellnerin nahm nicht einmal Notiz von ihm und sammelte bei Gelegenheit das Geld ein. In den Münchner Cafés bedienen ausschließlich Frauen, und der Kaffee wird auf französische Art erst am Tisch aus großen Kannen eingegossen.

*Jan Neruda, ›Reisebilder‹, 1863*

Im Café Maximilian, das die Münchener mit Unrecht für ein »Café Royal« halten, kehrt man einfach die Servietten um und die Gäste stecken den gebrauchten Zahnstocher wieder an seinen alten Platz. Der Rauch ist so dicht, dass man das Hemd wechseln könnte, ohne die Schamhaftigkeit seiner Nachbarn zu verletzen.

*Anti-Tissot, ›München und die Münchener‹, 1876*

Am Montag, den 17., abends um halb sieben, denkt aber an mich: Da geht es los mit dreißig Geigen und doppelten Blasinstrumenten. Jeden Morgen habe ich nun dafür zu schreiben, zu korrigieren, zu instrumentieren; so wird es ein Uhr, da gehe ich nach der Kaufingergasse in Scheidels Kaffeehaus, wo ich alle Gesichter schon auswendig kenne und die Leute jeden Tag in derselben Stellung finde: zwei Schach spielend, drei zusehend, fünf Zeitung lesend, sechs zu Mittag essend, und ich bin der siebte. Nach Tische kommt dann gewöhnlich Bärmann, holt mich ab, und wir machen Konzertbesorgungen zusammen oder gehen spazieren zu einem Bier und Käse; dann geht es wieder nach Hause und es wird gearbeitet.
*Felix Mendelssohn Bartholdy an seine Familie, Brief vom 6. Oktober 1831*

Hotel Oberpollinger, 1880, daneben das 1856 eröffnete Café Probst, Neuhauser Straße 40-44.

Café Tambosi am Odeonsplatz 6, um 1890.

Die beiden Cafés der Hofgartengalerie sind nichts Besonderes und haben keine einzige französische Zeitung. Dagegen enthalten ein großer Lesesaal und eine Art Kasino, das »Museum« genannt, die meisten französischen Blätter, welche die Zensur ungehindert passieren lässt … Die Leute hier machen keinerlei Lärm, die Fahrzeuge rollen dumpf über die staubigen, ungepflasterten Straßen. Den Franzosen erkennt man überall daran, dass er auf der Straße deklamiert oder vor sich hinsummt; im Café spricht er mit lauter Stimme, er vergisst, im Theater den Hut abzunehmen, selbst im Schlaf gibt er keine Ruhe, und ein deutsches Bett hält das keine zehn Minuten aus.
*Gérard de Nerval, ›Auf Sand gebaut, Münchner Eindrücke eines Franzosen‹, 1840*

*Mark Twain reiste von 1878 bis 1879 durch Europa, wo er u.a. Deutschland, Frankreich und Italien besuchte. Seine Reiseerlebnisse schrieb er in ›Bummel durch Europa‹ (1880) nieder, 1876 war sein weltberühmter Roman ›Die Abenteuer des Tom Sawyer‹ erschienen. 1885 erschien ›Huckleberry Finns Abenteuer‹. In seinem Reisebericht äußert er sich über einen Opernbesuch in München.*

Fragt man einen Münchner, was die beste Münchener Tageszeitung sei, erhält man stets zur Antwort, dass es nur eine gute Münchener Tageszeitung gebe, und die erscheine in dem siebzig oder achtzig Kilometer entfernten Augsburg. Das ist so, als behaupte man, die beste New Yorker Zeitung erscheine irgendwo draußen in New Jersey. Ja, die ›Augsburger Allgemeine Zeitung‹ ist »die beste Münchener Zeitung«, und an sie hatte ich gedacht, als ich oben eine »erstklassige deutsche Tageszeitung« beschrieb ... Die tatsächlich in München gedruckten Blätter werden von den Einwohnern sämtlich zweitklassig genannt.

*Mark Twain, ›Bummel durch Europa‹, 1878/79*

Holländische Teestube in der Herzog-Wilhelm-Straße, 1908.

Mein lieber alter Freund!
Wir sind nun in unsere neue Wohnung, Schellingstraße 30, zweite Etage, gezogen, wo wir uns außerordentlich zufrieden fühlen und wo ich meine neue Arbeit rasch abzuschließen hoffe. Den Doktor Schmidt sehe ich in dieser Zeit nicht täglich, aber ziemlich häufig. Gestern, Sonnabend, war ich mit ihm, Heyse und Carriere im »Achatz« zusammen und hatte so Gelegenheit, Deine Grüße ziemlich frisch abzuliefern, und ich sende Dir die besten Gegengrüße. Du hast hier aufrichtige und treue Freunde zurückgelassen. Ob Heyse mit seiner Upsalafahrt Ernst macht, weiß ich nicht mit Bestimmtheit ... Im »Krokodil« fragen sie häufig nach Dir. Der Doktor Grandaur bittet Dich um eine literarische Auskunft für seine Theatergeschichte ... Von Deinen Hinterlassenen in der »Gartenstraße« haben wir in der Umzugswoche nichts gesehen, hoffen aber, dass es ihnen gut geht, und werden sie wahrscheinlich heute Abend sehen ... Nun, lieber Freund, leb wohl! Wenn nicht früher, so 1877 hoffe ich, wir treffen uns in Upsala!
Dein getreuer Henrik Ibsen

*Henrik Ibsen an Lorentz Dietrichson, Brief vom 29. April 1877*

*Henrik Ibsen*

*Norwegischer Schriftsteller*
*1828 bis 1906*

Gleich mal zunächst: »Das Luitpold«. Das ist doch etwas. Man setzt sich zu einem der kleinen Marmortischchen und legt einen Stoß Zeitungen neben sich und sieht gleich furchtbar beschäftigt aus. Dann kommt das Fräulein in Schwarz und gießt so im Vorübergehen die Tasse mit dem dünnen Kaffee voll, o Gott, so voll, dass man sich gar nicht traut, auch noch den Zucker hineinzuwerfen. Dabei sagt man: »mittel« oder »schwarz«, und es wird ganz nach Wunsch und Wink: »mittel« oder »schwarz«. Zum Überfluss sagt man doch noch etwas Scherzhaftes, wenn man es gerade bei der Hand hat, und dann lächelt die Minna oder Bertha etwas müde ins Unbestimmte hinein und schwenkt die Nickelkannen in der Rechten her und hin … Das sind so kleine Zufälle, die den jungen Menschen tiefer berühren, als er selber meint. Sie geben ihm das Gefühl, ausgeschlossen zu sein, gleichsam die Sitten eines fernen Landes fortzuleben unter allen diesen Menschen, die sich mit einem Lächeln und im Vorübergehen verstehen. Er möchte so gern einer von ihnen sein, irgendeiner im Strome, und dann und wann glaubt er es fest.

*Rainer Maria Rilke, ›Ewald Tragy‹, 1898*

Café Luitpold,
Brienner Straße 11,
1901.

Die Halle des »Café Luitpold« war ganz leer, man sah nur die Marmorfläche der Tische, wie einen namenlosen Friedhof, und ein narbiger Student, dessen Kopf kaum daraus hervorragte, versuchte allein, darin aufzuerstehen. Die Tip-Top-Bar, reich an Erinnerungen, bot mir mein Spiegelbild achtzehn Mal dar, aber der überlebende Mensch, den ich suchte, um die Halluzination vollzumachen, sträubte sich zu erscheinen. Ich ging in alle Cafés, in denen ich damals einem Stammtisch angehört hatte, einer Einrichtung, die gewöhnlich dem Reisenden noch stärker als die Pyramiden die Empfindung des Unveränderlichen geben, wenn er, von Tibet zurückgekehrt, durch die beschlagene Scheibe und beinahe durch seine Tränen, dem Haupt der Tafelrunde in sein gleichgültiges und egoistisches Auge blickt … Aber vergeblich. Der Baurat aus dem Spatenbräu ist verschwunden mitsamt seinem Spezialeisen zum Bierwärmen, das er mir immer lieh, um meine Zitrone zu behandeln; verschwunden der Major von Podmer aus dem Franziskaner mit seiner elektrisch geheizten Pfeife; verschwunden der Professor Preuß, der Maler, der als Modell nur eine Kellnerin wollte und daher nie arbeiten konnte, wenn die Cafés geöffnet waren, Gott weiß, dass er das ausnutzte! Alle diese Pensionisten, die nur zu leben hatten: verschwunden! … Ich war allein in Deutschland!

*Jean Giraudoux, ›Wiedersehen mit München‹, 1920*

*Jean Girandoux*

*Französischer Schriftsteller*
*1882 bis 1944*

*Isadora Duncan*

*Amerikanische Tänzerin*
*1878 bis 1927*

Das Lebenszentrum Münchens war damals das Künstlerhaus. Dort traf sich täglich ein Kreis von Künstlern um die Meister Kaulbach, Lenbach und Stuck; dort wurde gutes Münchner Bier getrunken (was auch ich bald schätzen lernte) und über Kunst und Philosophie debattiert. Alexander Groß wollte mein erstes Auftreten im Künstlerhaus arrangieren. Lenbach und Kaulbach waren dafür, Stuck hingegen meinte, dass ein Kunsttempel wie das Münchner Künstlerhaus nicht durch Tanzproduktionen entweiht werden dürfe. Eines Tages suchte ich Stuck in seinem Hause auf, um ihn davon zu überzeugen, dass meine Kunst nicht würdelos sei. In seinem Atelier angelangt, entkleidete ich mich, zog meine Tunika an, führte meine Tänze vor ihm auf und sprach dann ohne Unterbrechung vier Stunden lang über die Heiligkeit meiner Mission und über die Entwicklungsfähigkeit des Tanzes als Kunstgattung … Er gab natürlich seine Einwilligung zu meinem Auftreten, und mein Debüt im Münchner Künstlerhaus bildete das bedeutendste künstlerische Ereignis und die größte Sensation Münchens seit vielen Jahren.

*Isadora Duncan, ›Mein Leben – meine Zeit‹, 1903*

Künstlerhaus am Lenbachplatz, 1900.

Künstlerlokal »Simplicissimus« in der Türkenstraße 57, um 1909.

Das dramatischste Ereignis habe ich erlebt, als eines Abends Isadora Duncan im »Simpl« tanzte. Ja, die Isadora, die erste Barfußtänzerin der Welt – wie vorsichtig fing doch die Nacktkultur an! –, kam zu uns. Man denke, was das hieß: sie legte ihren kostbaren Eisbärpelz auf das Mantelgebirge im Hintergrund, verzog sich in den ersten Stock, wo die Kathi ihre Privatwohnung hatte, kam im leichten griechischen Hemd wieder herunter, stieg auf einen der runden Marmortische und begann zu tanzen. Tanzte hingerissen und hinreißend auf dem engen Rund, das wir zu dritt mit vereinten Kräften festhielten, und der Marmortisch schien auf einmal vor unseren Augen ein Stück hellenischer Antike … Da schäumte ihr der Sekt aus vollen Bechern entgegen, und man meinte, die Loslösung aus allen Philisterfesseln zu erleben.

*René Prévot, ›Kleiner Schwarm für Schwabylon‹, 1954*

Am Abend bevor Kobler zur Weltausstellung fuhr, betrat er nochmals sein Stammlokal in der Schellingstraße, das war ein Café-Restaurant und nannte sich »Schelling-Salon«. Er betrat es, um zu imponieren, und bestellte sich einen Schweinsbraten mit gemischtem Salat. »Sonst noch was?«, fragte die Kellnerin. »Ich fahre nach Barcelona«, sagte er. »Geh, wer wird denn so blöd sein!«, meinte sie und ließ ihn sitzen … Da kam sie, das Fräulein Anna Pollinger … Mitte September saß sie also neben Kobler im Schelling-Salon und bestellte sich lediglich ein kleines, dunkles Bier. Ihr Abendbrot, zwei Buttersemmeln, hatte sie bereits in der Kraftwagenvermietung zu sich genom-

Pschorrbräu-Bierhallen, Hof, Neuhauser Straße 11, 1918.

men, denn sie hatte dort an diesem Tag ausnahmsweise bis abends neun Uhr zu tun. Sie musste dies durchschnittlich vier Mal wöchentlich tun. Für diese Überstunden bekam sie natürlich nichts bezahlt, denn sie hatte ja das Recht, jeden Ersten zu kündigen, wenn sie arbeitslos werden wollte. »Gib mir was von deinem Kartoffelsalat«, sagte sie plötzlich, denn plötzlich musste sie noch etwas verzehren. »Bitte«, meinte Kobler, und es war ihm unvermittelt, als müsste er sich eigentlich schämen, dass er nach Barcelona fährt. »Es wird sehr anstrengend werden«, sagte er. »Dann wird es also heut nacht nichts«, fragte sie. »Nein«, sagte er.

*Ödön von Horváth, ›Sechsunddreißig Stunden‹, 1930*

München, 21. November 1840

Sonst gehe ich in ein gutes Kaffeehaus zum Speisen, wo man sehr gut isst, zwar etwas teurer als die gemeinen Kneipen, aber gesünder. Zudem kostet es in den ordinären Speishäusern ebenso viel, wenn man sich satt essen will, weil alles schlechter gekocht ist; so muss man natürlich mehr essen. Ich habe aber dennoch immer Sehnsucht nach den Fleischtöpfen Ägyptens, das heißt nach einem guten Stücke Speck mit gedörrten Stückli oder nach einer Böllenwähe oder zuletzt nur nach einem guten gesottnen Kartoffel; denn von allen diesen nahr- und schmackhaften Speisen kriege ich hier nichts zu sehen. Da ist nichts zu haben als magere Gans-, Enten- oder Hasenbrätlein, schlechte Koteletten und dergleichen mehr, und die Kartoffeln kann man nicht anders essen als gebraten oder sonst gekocht.

*Gottfried Keller, Brief vom 21. November 1840 an seine Mutter*

*»Paris ist eine Frau,*
*München ist Bier.«*
Fürst Schtscherbatow

# Lebenselixier

## Die Stadt des Bieres

Wer München verstehen will, muss an einem schönen Sommertag am Chinesischen Turm oder im Augustinerkeller eine Maß Bier getrunken haben. Dann erst spürt er mit verklärtem Blick das Gefühl dieser Stadt, und es mag ihm ergehen wie Heinrich Heine, der 1827 von einem Bogenhauser Biergarten sinnierend auf die schneebedeckten Alpen schaute. Nicht einmal mehr die »liebenswürdigen Aristokratinnen« und die »wunderschönen Weiberverhältnisse« konnten ihn darüber hinwegtrösten, dass er keine Professur bekam. Nur das Bier stimmte ihn versöhnlich. Betritt man in München eine Bierwirtschaft oder einen Bierkeller, stellt man sehr schnell fest, dass es an den Holztischen kein oben und unten gibt. Wo Platz ist, kann man sich dazugesellen, die Klassenschranken sind für eine kurze Zeit aufgehoben. Das gilt auch für die Biergärten der großen Brauereien. Der Gast sitzt, wo es ihm gefällt. Ob am runden oder eckigen Tisch, zu zweit oder mit vielen, unter Linden oder Kastanien – jeder genießt auf seine Art. Sekretärinnen und Akademiker, Millionäre und arme Schlucker, Arbeiter und gut betuchte Geschäftsleute, Jung und Alt sitzen einträchtig beisammen und unterhalten sich. Auch beim Anstehen um die Maß formiert sich die klassenlose Gesellschaft. Neben dem beliebten »Hellen«, einem Lagerbier, wird an der Schenke auch »Weißbier« (Hefeweizen) und »Dunkles« ausgeschenkt. Zum Erstaunen vieler Neubürger und Touristen kann man sich das Essen in den Biergarten mitbringen.
Das vermutlich berühmteste Wirtshaus der Welt ist das staatliche Hofbräuhaus mit Schwemme, Bierstuben, Festsaal und Garten. Herzog Wilhelm V. ließ das Kurfürstliche Hofbräuhaus 1589 als Brauerei für seinen Hofstaat errichten, weil das heimische Bier zu schlecht und das aus dem deutschen Norden importierte zu teuer war. 1896/97 erhielt das Hofbräuhaus seine jetzige bauliche Gestalt. Vie-

le Literaten, Musiker und Künstler aus aller Welt schauten im Hofbräuhaus vorbei, wie Jan Neruda, Edward Elgar und Samuel Beckett. Der Reiseschriftsteller Patrick Leigh Fermor beobachtete dort 1933 das hemmungslose Gebaren der Nazi-Horden. Johann Nestroy, Schauspieler und Bühnendichter aus Wien, studierte 1845 im königlichen Hofbräuhaus genauestens die Menschen für einen Bühnenauftritt. Er spielte einen Betrunkenen so perfekt, dass ihn König Ludwig I. im Hofgarten darauf ansprach: »Aber sagen Sie mir nur, wo haben Sie denn Ihre Studien zu der hypernatürlichen Rauschszene gemacht?« »Im königlichen Hofbräuhaus, Majestät!«, war die Antwort.

Bierfeste ersetzen in München die Jahreszeiten. Das Bierjahr beginnt im März mit der Starkbierzeit und dem Politiker-Derblecken auf dem Nockherberg. Das Starkbier ist so nahrhaft, dass es früher vielen Mönchen über die Fastenzeit half. Auf die Fastenzeit folgt schon bald der Maibock, der gewissermaßen nahtlos in die Biergartenzeit hinüberhilft. Mit dem kräftigen »Wiesn-Bier« zum Oktoberfest endet witterungsabhängig der Bierausschank im Freien. Für die »staade Zeit« gibt es auf Weihnachten den Festbock, der die langen Winterabende verkürzt. Bier ist in München traditionell ein Lebensmittel, wenn nicht gar Medizin. Auch wenn das zumindest die Einheimischen ohnehin wissen, untermauert man diesen Fundamentalsatz gerne wissenschaftlich. So heißt es, dass Forscher der Technischen Universität München herausgefunden haben, dass die Lebenserwartung der Menschen, die maßvoll Bier trinken, höher ist als die der abstinent lebenden Menschen.

Um die Qualität des Bieres wird in München seit jeher heftig gestritten. Eine Zeitung nannte 1873 das Bier an der Isar sogar ein Gift, »einen Plempel, der so alle Jahr ein paar hundert Münchner um-

bringt«. Diesem Urteil hätte sich der italienische Abenteurer Giacomo Casanova sofort angeschlossen. Für ihn war das Münchner Bier »ein abscheuliches Getränk«. Wegen des Bierpreises brachen in München wiederholt Revolutionen aus, sogenannte Bier-Krawalle. Seit 1516 wurde alljährlich der Bierpreis von amtlichen Stellen festgesetzt. Als am 1. Mai 1844 die Brauereien von sich aus den Bierpreis von sechs Kreuzer pro Maß auf sechs Kreuzer fünfzig erhöhten, wurden zwanzig Brauereien von den Bürgern gestürmt. Am Tag darauf gab es das Bier wieder zum alten Preis. 1874 sollte der Bierpreis von acht auf neun Kreuzer erhöht werden. Die Münchner drohten mit einem Bierstreik. Die Volkszeitung gab Durchhalteparolen aus: »Alle Wirte sind zum Nachgeben bereit – die Bresche ist geschossen – nun geht es zum Sturm gegen den Kapitalistenübermut der das Volk in unerhörter Weise ausbeutenden Bräuer.« Doch die Bierrevolution scheiterte am Durst der Streikenden, und die Brauer setzten den Bierpreis durch.

Gab es Mitte des 19. Jahrhunderts in München noch sechzig Brauereien, so sind es heute nur noch einige wenige Großbrauereien, die sich das gigantische Geschäft ums Münchner Bier aufteilen: die Löwenbräu-Spaten-Gruppe, die Paulaner-Hacker-Pschorr-Gruppe, Augustiner und das staatliche Hofbräuhaus. Der Ausstoß wird immer größer, denn das Münchner Bier ist ein Exportschlager und wird in über fünfzig Länder geliefert. Besondere Beachtung verdient dabei die Augustiner Brauerei. Sie setzt auf Qualität, verzichtet weitestgehend auf Werbung und lässt am liebsten das Bier für sich selbst sprechen. Die Brauerei schaut auf eine lange Tradition zurück. 1328 wurde sie von Augustiner-Mönchen gegründet, genau in dem Jahr, in dem Ludwig IV. der Bayer in Rom zum Kaiser gekrönt wurde. 1803 wurde die Brauerei säkularisiert und war von 1829 bis

1981 im Besitz der Familie Johann Wagner. Heute gehören fünfzig Prozent der Edith-Haberlander-Wagner-Stiftung. Die anderen fünfzig Prozent sind in Privatbesitz. Das Logo zeigt neben den Initialen J.W. den Bischofsstab des Hl. Augustinus und verweist damit auf die bierbrauenden Klosterbrüder. Gleichzeitig wird mit jeder Augustiner-Bierflasche weltweit an den Philosophen und Kirchenvater Augustinus aus dem heutigen Algerien in Nordafrika erinnert. Bier ist eben völkerverbindend.

Mönche brauten seit jeher Bier, und Mönche gründeten München. Jedenfalls spricht viel dafür. Das älteste Stadtwappen aus dem 13. Jahrhundert zeigt einen Mönchskopf mit Kapuze, flankiert von zwei Türmen. Der Mönch verweist phonetisch auf den Ortsnamen »Munichen«, der bei der ersten urkundlichen Erwähnung im Jahr 1158 auftaucht. Vom 14. Jahrhundert an erscheint der Mönch im Stadtwappen als Ganzfigur mit Evangelienbuch und Segensgestus. Im Laufe der Jahrhunderte mutierte der Stadtmönch jedoch zum Münchner Kindl. Bei der Eröffnung des Oktoberfestes sitzt es auf dem Bierfass, in das der Oberbürgermeister den ersten Zapfhahn schlägt. Auch die weiteste Mönchskutte kann nicht darüber hinwegtäuschen, dass das Wiesn-Kindl eine attraktive junge Frau ist.

Nicht jeden zieht die biertrinkende und festefeiernde Stadt in den Bann. Der Schriftsteller Franz Kafka, der zwischen 1903 und 1916 drei Mal sehr kurz vor Ort war, bezeichnete München als eine Stadt, die ihn »außer als trostlose Jugenderinnerung gar nichts anging«. Kafkas Kollege Gustav Janouch wusste dafür eine Erklärung. Ihm habe Kafka einmal gestanden: »Nichts zerstört den Menschen so gründlich wie Bier und Wirtshausquatsch. So ist es in München, und so ist es in Prag.«

»Aber Sie müssen nach München fahren. Sie haben Deutschland nicht gesehen, wenn Sie nicht in München waren. Alle Ausstellungen, das ganze künstlerische und geistige Leben Deutschlands ist in München. Im August gibt es die Wagner-Festspiele und Mozart und eine Ausstellung japanischer Bilder – und es gibt Bier! Sie wissen nicht, was gutes Bier ist, wenn Sie nicht in München waren. Ja, man sieht da am Nachmittag feine Damen, aber wirklich feine Damen, das sage ich Ihnen, die leeren solche Gläser.« Er maß die Höhe eines stattlichen Waschgeschirrkrugs ab, und ich lächelte.

*Katherine Mansfield, ›In einer deutschen Pension‹, 1911*

Im Biergarten, um 1900.

Als ich an einem herrlichen Sonntagabend unter sternenblitzendem Augusthimmel ankam, war die ganze Stadt ausgeflogen. Überall, in den tiefen, kühlen Bierkellergewölben und in den Brauereigärten, in denen bunte Laternen mit mattem Schein hin- und herschaukelten, hörte man Blechinstrumente, die in Triumphnoten schwelgten, während sich zu dem Geräusch der schwer herabfallenden Bierdeckel die Seufzer der Holzinstrumente gesellten. In einer dieser harmonischen Brauereien fand ich den Oberst von Sieboldt, wie er mit seiner Nichte vor seinem ewigen schwarzen Rettich saß. Am Nebentisch nahm der Minister für ausländische Angelegenheiten einen Bock zu sich, und der Onkel des bayerischen Königs leistete ihm dabei Gesellschaft. Ringsherum lauschten gute Bürger mit ihren Familien, Offiziere mit Eingläsern, Studenten mit kleinen roten, blauen, meergrünen Mützen ganz ernsthaft, schweigend, fast fromm den Klängen des Orchesters von Herrn Gungel und sahen dem aufsteigenden Rauch ihrer Pfeifen zu, ohne sich im Geringsten Sorgen um Preußen zu machen, gerade, als existiere es überhaupt nicht.
*Alphonse Daudet, 1866*

So viel ist gewiss, bis jetzt gehört das Bier zum Münchner Bürger wie seine Seele. Dran knüpft sich denn vieles and're, was dem Fremden auffällt: der schlendernde Gang, der sich bei jedem Schritt nach dem Ziele umsieht, die Scheu vor weiten Spaziergängen, das Großväterlich-Behagliche des ganzen Körpers, der nur fürs Sitzen, fürs Ausruhen vom Nichtstun, geschaffen zu sein scheint. Das Gespräch dieser Leute, so wie es nur vom Bier erweckt wird, betrifft auch einzig und allein das Bier; maulfaul und verdrießlich-ernsthaft sitzen sie sich gegenüber und unterhalten sich, wie Liebende, mit Blicken; endlich schlägt der eine den zinnernen Deckel des Krugs zurück, nippt, schüttelt mit einer vielsagenden Miene den Kopf, nippt noch einmal und seufzt: Alles wird schlechter; der Gevatter legt die Pfeife aus der Hand, räuspert sich, trinkt ebenfalls und sagt: Ja, Ja! Dann schauen sie sich um, ob nicht irgendwo die Kellnerin sich blicken lässt.

*Friedrich Hebbel, ›Reiseeindrücke‹, 1837*

Hofbräuhaus, Innenhof mit Salettl im Sommer, 1869.

Beim Weißwurstfrühstück, um 1920.

Die Leiber dieser tafelnden Bürger waren breit wie ein Fass. Ihre Gesäße, auf die Wirtshausbänke gedrückt, nahmen gut und gern einen Meter ein. Sie teilten sich zu Oberschenkeln dick wie der Körper eines Zehnjährigen, und Arme vergleichbarer Stärke drohten, das Tuch ihrer Janker zu sprengen. Hals und Brust verschmolzen zu einer massigen Säule und jeder Stiernacken war in Falten gelegt wie ein trügerisches Lächeln … Kellnerinnen mit der Statur von Ringern oder Gewichthebern stemmten immer neue Schüsseln, und Gesichter troffen und glänzten wie beim Bankett eines Riesen. Bald sah alles aus wie der Hof eines Abdeckers, es wurde still, Enttäuschung umwölkte die Schweinsäuglein, und etwas wie Trauer lag in der Luft. Doch Rettung ließ nie lang auf sich warten. Wohltäterinnen wogten heran, die Arme voller Krüge, der nächste Gang wurde aufgefahren, die Runzeln verschwanden wieder von den schweißnassen Lästrygonenstirnen, und das fröhliche Schaufeln und Schwatzen begann von neuem.

*Patrick Leigh Fermor, ›Die Zeit der Gaben‹, 1933/34*

*Patrick Leigh Fermor*

*Britischer Reiseschriftsteller geboren 1915*

So ein bayrischer Bierkeller ist ein Erlebnis. Meine Lieben, dort geht es kräftig zu. Zu Hunderten sitzen sie da beieinander, jeder das amberfarbene Glas vor sich auf den Tisch gepflanzt, den rötlich angelaufenen Kopf fest am Rumpf befestigt, die Beine breit, die Fäuste geballt. Das ist kein Spaß mehr. Das ist Trinken. Weit weg, tief in den Höhlen dieser unermesslichen Biergrotte, klingt, rumpsa, rumpsa, eine hämmernde, schlagende, aus röchelndem Messing vorwärtsgestoßene Musik. Hopfen und Malz, Gott erhalt's. Dort, über einem riesigen Feuer und in riesigen Kesseln werden Tausende von Würsten gebraten und gesotten. Bratwürste, Bockwürste, Weißwürste. Es brodelt und zischt. Jetzt geht's los. Frauen in Dirndltracht tragen sie herum, die gleichen Frauen, die man früher auf den Briefmarken des Deutschen Kaiserreiches sah: kolossale Arme, gewaltige Busen.

*Godfried Bomans, ›Ich liebe meinen Gartenzwerg‹, 1949*

Kellnerinnen beim Ausschank, 1897.

Neues Hofbräuhaus,
Schänke, 1897.

Im größten Münchner Bierhaus, dem Hofbräuhaus, trinken die Bayern aus steinernen Ein- und Zweiliterkrügen ihr berühmtes bayerisches Bier. Heiße Blutwürste dampfen, der Saft perlt aus ihnen, riesige Wurstreihen brutzeln im Fett, Berge weißer Würstchen verschwinden in Dampfschwaden. Ich tippe aufs Geratewohl auf die Menükarte, und man bringt mir das Bein eines mittelgroßen Ferkels mit Brühe. Hier und dort beginnen die Menschen, vom Bier in Stimmung versetzt, Lieder zu singen.
*Wladimir Solouchin, ›Mit den Augen eines Russen‹, 1963*

Es fällt schwer, sich das Hofbräuhaus oder den Löwenbräukeller vorzustellen, wenn man sie nicht gesehen hat, diese großen Gewölbe, wo zweitausend Deutsche auf einem Haufen aus den größten Gläsern der Welt ihr Bier trinken. Alle gemeinsam vereint im Biergenuss, so wie man im Patriotismus, in den Ansichten oder einer anderen geselligen Tätigkeit verbunden ist. Der Deutsche kann nicht alleine trinken. Er muss spüren, dass mehrere Hundert andere Deutsche neben ihm trinken. Er muss sehen, wie andere Gläser ruhig gehoben und wieder abgesetzt werden und wie in die Gesichter ringsum Farbe kommt. Das Trinken ist für dieses gesellige Volk eine Art Sozialarbeit. Dafür sind die Brauhäuser zuständig, die Hauptmerkmale von München. Eines Sonntags abends bin auch ich ins Hofbräuhaus gegangen. Es war mir fast unmöglich, die Hitze dort drin auszuhalten, dieses feurige Brennen, das all die leuchtenden Gesichter ausstrahlten. Doch auf seinen drei Stockwerken versammelte dieses gewaltige Gewölbe Tausende von Menschen, die alle die Welt draußen vollständig vergessen hatten. Keiner in der Menge war nüchtern und keiner wirklich betrunken.
*Zacharias Papantoniou, 1934*

Löwenbräukeller, um 1907.

Das Neue Hofbräuhaus, 1897.

Er lud mich ein, eine andere kleinere und vielleicht nicht so weltberühmte Wirtschaft wie das Hofbräuhaus zu besuchen und ein Glas Bier zu trinken. Gleich beim Eintritt bestellte er für sich eine »Maß« und für mich eine »Halbe«. In ein paar Sekunden waren sie da. Mit einem »Prosit« kostete ich dieses Getränk. Nach ein paar Gesichtsumbildungen setzte ich das Glas wieder an seinen Platz, ohne dass man merken konnte, dass jemand es an seine Lippen gebracht habe. Noch einmal probierte ich dieses bittere Getränk, und dann ließ ich's stehen. Mein Nachbar freute sich im Stillen, denn, nachdem er mit seiner Maß fertig war, zog er das meine wie selbstverständlich an sich! Auf seine teilnehmende Frage, warum ich es nicht trinke, antwortete ich ihm, dass es zu bitter sei und dass ich gar keinen Durst habe. Es ist wahr, ich konnte es damals nicht begreifen, wie einer so viel Durst haben konnte, nachdem es doch draußen zu schneien begann.
*Antonios Sigalas, 1910*

*Heinrich Heine*

*Deutsch-französischer Schriftsteller 1797 bis 1856*

Der Ort heißt Bogenhausen, oder Neuburghausen, oder Villa Hompesch, oder Montgelasgarten, oder das Schlössel, ja, man braucht ihn nicht einmal zu nennen, wenn man von München dorthin fahren will, der Kutscher versteht uns schon an einem gewissen durstigen Augenblinzeln, an einem gewissen vorseligen Kopfnicken und ähnlichen Bezeichnungsgrimassen … Das Bier ist an besagtem Orte wirklich sehr gut, selbst im Prytaneum, vulgo Bockkeller, ist es nicht besser, es schmeckt ganz vortrefflich, besonders auf jener Treppenterrasse, wo man die Tiroler Alpen vor Augen hat. Ich saß dort oft vorigen Winter und betrachtete die schneebedeckten Berge, die, glänzend in der Sonnenbeleuchtung, aus eitel Silber gegossen zu sein schienen. Es war damals auch Winter in meiner Seele, Gedanken und Gefühle waren wie eingeschneit, es war mir so verdorrt und tot zu Mute, dazu kam die leidige Politik, die Trauer um ein liebes gestorbenes Kind und ein alter Nachärger und der Schnupfen. Außerdem trank ich viel Bier, weil man mich versicherte, das gäbe leichtes Blut.

*Heinrich Heine, ›Reise von München nach Genua‹, 1829*

Hofbräuhaus, 1840.

Im Wirtsgarten des Neuen Hofbräuhauses, 1887.

Erschöpft. Schleppe mich zum Ausruhen ins Löwenbräu gegenüber der Post und trinke zwei Bockbier. Frage den Mann am Tisch, wohin es zum Hofbräuhaus geht. Irgendwo südlich der Maximilianstraße, finde es endlich. Riesige dunkle Halle, brechend voll mit Arbeitern. Man kriegt kaum einen Platz. Du holst dir dein Bier in der Maß. Kippst es hinter. Nebenan ein Wassertank, damit du nicht so fröstelst. Oben die Luxusausstattung mit wöchentlichen Konzerten.

*Samuel Beckett, Tagebuch, März 1937*

Es war ein kalter März, und das Paar schlotterte in dem Pappdeckel-Athen aus Stein. »Bier«, hatte der Baron des Ygrées erklärt, »ist ausgezeichnet für schwangere Frauen.« Er nahm seine Frau ins Königliche Pschorr-Brauhaus mit, ins Augustinerbräu, ins Münchnerkindl und in andere Brauereien.

Sie erstiegen den Nockherberg, an dem ein großer Garten liegt. Dort trinkt man, solange es ausgeschenkt wird, das berühmte Märzenbier, den Salvator, und lange hält es nicht vor, denn die Münchner sind große Säufer. Als der Baron mit seiner Frau den Biergarten betrat, fanden sie ihn gerammelt voll. Da saßen Kopf an Kopf die bereits betrunkenen Saufbolde, grölten aus vollem Halse, schunkelten und schlugen die leeren Maßkrüge in Scherben. Händler boten Brathendl feil, verkauften Steckerlfische, Brezeln, Semmeln, Wurstwaren, Zuckerzeug, Reiseandenken, Ansichtskarten ... Die Trinker drängten sich um den Schanktisch, wo man seine Maß selber holt, aber die Fässer leerten sich nicht mehr, man hörte nicht mehr von Minute zu Minute die dröhnenden Hammerschläge, die ankündigten, dass ein neues Fass angestochen wurde. Das Singen hatte aufgehört, zornige Trinker stießen Schimpfwörter gegen die Brauer und sogar gegen das Märzenbier aus. Andere benutzten die Pause und kotzten unter heftigem Würgen und mit vorquellenden Augen.

*Guillaume Apollinaire, ›Der gemordete Dichter‹, 1916*

*Guillaume Apollinaire*

*Französischer Dichter*
*1880 bis 1918*

Im Münchner Bockskeller, um 1890.

Dann gingen wir in den »Hirsch«. Wir saßen und tranken und hörten dazwischen ein altes Lied vom bayrischen Himmel. Es verspricht lauter reelle Vergnügen: wohlausgekochte Klöße, trefflich aufgewärmtes Sauerkraut und Bier von der ersten Sorte. Dieses Lied ist von ergreifender Wahrheit. Der Moslem erwartete im Himmel die schönsten Huris und die schnellsten, gelenkigsten Pferde, der Bayer erwartet Bier und nochmals Bier. Träumte er aber von Allahs eigener Seligkeit, so sieht er ihn sich an einer Flasche Bockbier erfreuen. Die Herren an unserem Tische sahen alle wohlgenährt aus und trugen Bärte. Höchst energisch blickten sie hinter ihrem Glase empor und erklärten, wenn sie erst anfingen, da würfen sie die Erde in den Mond. Aber sie fingen nicht an.

*Heinrich Laube, ›Reisenovellen‹, 1836*

Der Münchner ist in seinen Bedürfnissen bescheiden, nur beim Biertrinken nicht. Bier ist der wichtigste Gesprächsgegenstand, Bier und Wirtshausleben ersetzen das Familienleben. Kleinere Gesellschaften, ein Gesellschaftsleben, das beide Geschlechter in weniger umfangreichen Kreisen ergötzt, gibt es nicht; wie könnten Frauen und Töchter auch alleine Gäste empfangen, wenn der Vater mit den Söhnen im Wirtshaus ist! Der Münchner ist fürwahr konservativ, geradezu erschreckend konservativ, was schon der historische Schmutz des »Hofbräuhauses« belegt; verteuert sich aber das Bier um einen Kreuzer, beginnt sein Blut von einem derartigen sozialen Missstand zu kochen, der brave Untertan wird zum schrecklichen Sansculotten, und es hat schon Fälle gegeben, dass sogar Kanonen herangeschafft werden mussten, um die Leute von den Straßen – in die Wirtshäuser – zu scheuchen.

*Jan Neruda, ›Reisebilder‹, 1863*

Neues Hofbräuhaus,
Trinkstube, 1897.

Dienstag, 16. Juli (1935)
Komme soeben aus dem Hofbräuhaus. Wasso (Edward T.K. Watson, ein Kommilitone aus Princeton) und ich trafen dort auf ziemlich viele Amerikaner, die bereits vor zwei Jahren einmal hier gewesen sind und offenbar jeden kennen – das heißt, jeden im Hofbräuhaus. Es war ein ziemlich lustiger Abend; gefährlich wurde es erst, als wir mit mehreren Litern Bier im Bauch mit unseren Fahrrädern durch die Straßen von München fuhren.
*Gordon A. Craig, ›Tagebuchblätter‹, 1935*

Es wird laut gesprochen, gescherzt und gelacht. Zweieinhalbtausend Menschen fasst das Bierhaus, und jeder will sich aussprechen. Hier war es, wo inmitten des exaltierten Publikums einst die ersten Reden des späteren deutschen Führers erklangen. Von hier aus zog die angetrunkene Masse durch die Straßen Münchens – zum sogenannten Bierputsch.
*Wladimir Solouchin, ›Mit den Augen eines Russen‹, 1963*

*»Man hat halt oft so eine Sehnsucht in sich …«*
Ödön von Horváth

# Oktoberfest

## Von Löwenmenschen und Wiesenbräuten

Für viele Menschen auf der Welt sind München und das Oktoberfest identisch. Die Münchner sehen das freilich weit differenzierter. Und doch bestimmen die zweieinhalb Oktoberfest-Wochen den Jahresrhythmus der Stadt. Während dieser Zeit ruht das kulturelle Leben, und Künstler wie Publikum sind auf der »Wiesn«. Das war schon 1831 so, als das Konzert des Komponisten Felix Mendelssohn Bartholdy wegen des Oktoberfestes verschoben werden musste.

Mitte Oktober 1810 fand das Oktoberfest zum ersten Mal statt. Damals feierte ganz München die Vermählung des Kronprinzen Ludwig mit der Prinzessin Therese von Sachsen-Hildburghausen. Zu den Feierlichkeiten, die sich einige Tage hinzogen, gehörte auch ein Pferderennen »vor dem Sendlinger Thore, seitwärts der Straße, die nach Italien führt«. Damals hatte München gerade einmal 40 638 Einwohner, einschließlich der Soldaten. Fast 30 000 Münchner feierten ihren Kronzprinz und seine junge Gemahlin. Die »unzähligen Scharen« von Zuschauern – Bürger, Handwerker, Bauern, Geschäftsleute, Wirte, Hausmädchen, Lohnkutscher – lagerten auf einem Hang über der Wiese, die mit königlicher Genehmigung künftig den Namen »Theresienwiese« tragen durfte. Bereits ein Jahr später wurden dort Oktoberfest und Zentrallandwirtschaftsfest gemeinsam gefeiert. König Max Josef und Kronprinz Ludwig erschienen persönlich. Somit war das Oktoberfest zum bayerischen Nationalfest erhoben worden.

Langsam, aber sicher weitete sich das Oktoberfest aus. 1818 schon errichtete ein Praterwirt aus Wien Kegelbuden, Schaukeln und Karussells; eine Fischbraterei verbreitete anregende Düfte, und in einfachen Bierbuden konnte man den Durst löschen. Die Leistungsschau der Bauern aus dem Umland faszinierte besonders den ange-

henden Schriftsteller Friedrich Hebbel. Er war 1836 aus dem protestantischen Hamburg ins katholische München gekommen, um dort bis 1839 Jura, Philosophie, Geschichte und Literatur zu studieren. Mit wachem Geist registrierte er die Lebensfreude und Sinnenlust der Münchner, aber auch das Selbstbewusstsein der einfachen Leute, die von Adeligen und Bürgern respektiert und geachtet wurden.

1850 wurde auf der Theresienhöhe über der Festwiese das Monumentalstandbild der »Bavaria« enthüllt, die nun als Sinnbild Bayerns über München wacht. 1872 zog der Schausteller August Schichtl erstmals auf die Wiesn. Seine Spezialität war das »Köpfen einer lebenden Person« und die »Parade«, mit der er die Massen in die Schichtl-Bude lockte. Der in Südmähren geborene Dichter Roda Roda, Exponent der Habsburger Donaumonarchie, liebte diese Art von Volksbelustigung. Zwischen 1906 und 1926 lebte er mit kurzen Unterbrechungen in München und war ein häufiger Besucher des Oktoberfestes. Mit seinem legendären Zwicker beobachtete er scharf das Treiben vor und hinter der Kulisse der Schaubuden.

Mit der Elektrifizierung der Bierzelte und Schaubuden hatte das Oktoberfest bereits 1880 eine völlig neue Dimension gewonnen. Aus den hell erleuchteten Zelten, die nun auch nach Einbruch der Dunkelheit Bier ausschenken konnten, trat man in die bunte Lichterwelt der Reklameschilder und der sich rasch drehenden Fahrbetriebe. Fast zeitgleich setzten die Schausteller auf den Reiz der Exotik. Völker- und Abnormitätenschauen, Wachsfigurenkabinette, Menagerien sowie Varieté- und Zaubertheater zogen vor und nach dem Ersten Weltkrieg die schaulustigen und vergnügungssuchenden Wiesnbesucher in ihren Bann. So auch Ödön von Horváth, den deutschsprachigen Schriftsteller mit ungarischem Pass. Er war ein

leidenschaftlicher Besucher von großen Volksbelustigungen und Sportarenen und liebte es, dabei die enthemmte Volksseele zu beobachten. Er war vernarrt in »Liliputaner«, ins diffamierte »Entartete«, ins »Transzendent-Satirische«, in skurrile Engel und wahrsagende Zigeunerinnen. Die skurrile Welt des Abnormen, Exotischen galt ihm als anregendstes Arbeitsmilieu. In »Carl Gabriel's Abnormitäten« oder »Beim Schichtl« fand er um 1930 die Vorlage für die Abnormitäten-Schau in seinem Volksstück ›Kasimir und Karoline‹, das er ursprünglich ›Die Wiesenbraut. Ein Abend auf dem Oktoberfest‹, später dann ›Achterbahn und Wiesenbraut‹ nennen wollte.

Schade, dass sich die Schriftsteller Ödön von Horváth und sein amerikanischer Kollege Thomas Wolfe auf dem Oktoberfest nicht begegnet sind. Sie hätten sich viel zu erzählen gehabt. Im Oktober 1928 besuchte der damals noch völlig unbekannte Wolfe aus North Carolina zum vierten Mal Europa. Der Sohn eines deutschstämmigen Steinmetzen interessierte sich für den Kontinent seiner Vorfahren und machte mehrere Wochen in München halt. Auf dem Oktoberfest geriet er in eine wüste Schlägerei, die er selber angezettelt hatte. Seine Eindrücke und Erlebnisse verwandelte er zehn Jahre später in seinem Roman ›Geweb und Fels‹ (1938) in Weltliteratur.

Inzwischen ist das Oktoberfest mit über sechs Millionen Besuchern in gut zwei Wochen das größte Volksfest der Welt. Die Tische sind Monate im Voraus ausgebucht, und die unzähligen Promis aus aller Welt nutzen den »Karneval in München« zur Selbstdarstellung, wie etwa die Hotelerbin Paris Hilton, die als alpenländische Comic-Version im maßgeschneiderten Dirndl um die Zelte zieht. Man gibt sich lässig, volkstümlich, von allen Nadelstreifen und gesellschaftli-

chen Zwängen befreit. Doch nicht nur die Reichen und Schönen verkleiden sich. Wer auf die Wiesn geht, trägt Tracht, oder das, was er dafür hält. Er signalisiert damit, dass er für eine Weile dem Alltag entsteigt. Zum Dirndl-Imitat im Landhaus-Stil gesellt sich die rustikale Pseudo-Hirschlederne. Wie zu Zeiten Ludwigs I. ist die Wiesn ein großer Gleichmacher geblieben, wo Konventionen und soziale Barrieren nichts gelten. Vor dem Fass sind alle gleich, ob jemand Straßen kehrt oder Straßen plant.

Er lebt die ersten Wochen so hin … Er geht in die Galerien, und die Bilder enttäuschen ihn. Er kauft sich einen Führer durch München und wird müde dabei. Endlich sucht er sich so zu benehmen, als ob er jahrelang hier leben würde, und das ist nicht leicht. Er sitzt am Sonntag mitten unter den Philistern in einem Brauhausgarten und wandert hinaus auf die Oktoberfestwiese, wo die Buden und Ringelspiele aufgeschlagen sind, und fährt nachmittags in einer Droschke in den Englischen Garten. Da gibt es manchmal eine Stunde, die er nicht vergessen möchte. So zwischen fünf und sechs, wenn die Wolken auf dem hohen Himmel so phantastisch werden in Form und Farbe und sich plötzlich wie Berge hinter den flachen Wiesen des Englischen Gartens aufbauen, so dass man denken muss: Morgen will ich auf diese Gipfel steigen.

*Rainer Maria Rilke, ›Ewald Tragy‹, 1898*

Kettenkarussell und Riesenrad, um 1925.

Das Hackerbräu-Festzelt, 1907.

Liebe Aline,
drei Wochen lang habe ich in München ein so nüchternes und arbeitsames Leben geführt wie während der ganzen Zeit, die ich im Ausland bin. Zu dieser Jahreszeit findet hier das Oktoberfest statt. Ich wusste nicht, was ein Oktoberfest ist, bis es dann vor etwa zwei Wochen anfing. Alle hatten mir davon erzählt, und danach stellte ich mir darunter einen Platz vor, wo das bayerische Landvolk sich versammelt, um seine alten rituellen Tänze zu tanzen, seine Waren zu verkaufen und so fort. Aber bei meinem ersten Besuch stellte ich enttäuscht fest, dass es nur eine Art Coney Island ist – Karussells, allerlei billiger Schnickschnack, unzählige Wurstbuden, Lokale, in denen ganze Ochsen am Spieß gebraten werden, und riesige Bierzelte. Warum aber veranstalteten sie in München – wo es tausend Bierlokale gibt – ein besonderes Jahrmarktsfest zu Ehren des Bieres? Ich kam bald dahinter. Das Oktoberfestbier ist doppelt so stark wie das gewöhnliche – nämlich dreizehnprozentig –, und zwei Wochen lang kommen die Bauern in die Stadt, um dieses Oktoberbier zu trinken.

*Thomas Wolfe an Aline Bernstein, Brief vom 4. Oktober 1928*

Mein Konzert hat müssen verschoben werden des Oktoberfestes wegen, das nächsten Sonntag anfängt und die ganze nächste Woche dauert. Es ist da jeden Abend Theater und Ball, an kein Orchester und keinen Saal zu denken … Seht Ihr, so geht mein Münchener Tag hin. Sonntag, Montag und Dienstag, wenn Ihr diesen Brief empfangen habt, bin ich auf der Theresienwiese mit 80 000 anderen Leuten zusammen, denkt da an mich und lebt mir wohl und bleibt so.

*Felix Mendelssohn Bartholdy an seine Familie, Brief vom 6. Oktober 1831*

Das Münchner Oktoberfest, 1885.

Auch dieses Jahr wurde das Oktoberfest, der heranschleichenden Cholera zum Trotz, in hergebrachter Weise gefeiert … Die Theresienwiese, auf der das Volksfest abgehalten wird, stellt sich dem Auge als eine kaum übersehbare grüne Fläche dar, die an zwei Seiten von der Stadt und ihren freundlichen Vorstädten begrenzt ist; an der dritten ruht der Blick auf den seltsam gestalteten Massen des Tiroler und Bayerischen Gebirges, welches riesenhaft wunderlich den Gesichtskreis abschließt. Hier wimmelt es von Zelten und Buden aller Art; Garküchen, Konditoreien, Wein- und Bierschenken wechseln miteinander ab … In der Mitte der Buden nun noch der für den Hof bestimmte Pavillon, ringsherum die Plätze für das aufzustellende Preisvieh sowie die Rennbahn, etwas in die Ferne gerückt die Schießbahnen – hier wären die Ufer abgesteckt, zwischen denen der brausende Menschenstrom sich hindrängt. Der Münchener weiß, dass man in den Himmel nicht zu früh kommen kann. Deshalb findet sich schon zwei bis drei Tage vor Beginn des Festes eine Masse von Spaziergängern aus allen Ständen auf der Theresienwiese ein, und der Fremde hat die beste Gelegenheit, sich mit der Bevölkerung der Stadt und ihren Eigentümlichkeiten bekannt zu machen, da sein Auge noch durch andere Dinge nicht in Anspruch genommen wird.
*Friedrich Hebbel, ›Reiseeindrücke‹, 1836–1839*

*Friedrich Hebbel*

*Deutscher Schriftsteller*
*1813 bis 1863*

In dieser Woche wurde auf der im Südwesten der Stadt liegenden Theresienwiese ein Volksfest eröffnet. Wir haben auf diesem Fest eine gute Stunde verbracht. Da gab es eine Menge von Menschen niederer Stände; es war regelrecht wie auf einem unserer Herbstjahrmärkte, wenn für Hochzeiten und Winter groß eingekauft wird. Da wird gekocht, gebraten und gebraut. Da sitzt man auf der Erde und isst, trinkt, lacht und scherzt. Da wird musiziert, gespielt und getanzt. Da werden verschiedene Speisen, Leckereien und Waren an- und feilgeboten, verkauft und gekauft. Da locken die Harlekins aller Sorten das Volk zu ihren Vorstellungen, ziehen an, rufen und zerren herbei. Das ist mit einem Wort das echte Bild eines Volksgetümmels und des Volkslebens. Ein echter Psychologe könnte da die menschliche Seele, ihre Leidenschaften und Arten, wie sie sich nach außen zeigt, studieren. Diese Unterhaltung hat mir und meiner Gesellschaft sehr gefallen. Gegenüber dieser Wiese erhebt sich die große Dame »Bavaria«. Mir schien es, als ob sie mit der besonderen Zufriedenheit dieses Fest, diese volkstümliche Feierlichkeit und das Glück beobachten und als ob sie mit einem Stolz sagen würde: »Dieses Glück des Volkes ist mein Stolz, denn es ist mein Werk.«

*Josip Juraj Strossmayer, ›Bamberg und München‹,* 1875

Karoline: Der Zeppelin, der fliegt jetzt nach Oberammergau, aber dann kommt er wieder zurück und wird einige Schleifen über uns beschreiben.

Kasimir: Das ist mir wurscht! Da fliegen droben zwanzig Wirtschaftskapitäne und herunten verhungern derweil einige Millionen! Ich scheiß dir was auf den Zeppelin, ich kenne diesen Schwindel und hab mich damit auseinandergesetzt – Der Zeppelin, verstehst du mich, das ist ein Luftschiff, und wenn einer von uns dieses Luftschiff sieht, dann hat er so ein Gefühl, als tät er auch mitfliegen – derweil haben wir bloß die schiefen Absätz, und das Maul können wir uns an das Tischeck hinhaun! … Ich hab es dir doch gleich gesagt, dass ich heut unter gar keinen Umständen auf dein Oktoberfest geh. Gestern abgebaut und morgen stempeln, aber heut sich amüsieren, vielleicht gar noch mit lachendem Gesicht!

*Ödön von Horváth, ›Kasimir und Karoline‹, 1932*

Zeppelin über der Wiesn, 1909.

Mich zog vor allem der eingangs gedachte Glückshafen und die Szenerie an, die zunächst in seinem Umkreis vorfielen. Hier steht, schwankend und unentschlossen, die ehrbare Miene der Überlegung im naiven Gesichtchen, ein niedliches Dienstmädchen, und schüttelt nicht ohne Mühe aus dem kleinen Beutel, der für seinen Inhalt noch viel zu groß ist, einen Sechser hervor, noch einmal wiegt sie ihn in der Hand; ein lüsterner Blick zur Kuchenbude oder zur nächsten Bierwirtschaft hinüber; aber nein, die bunten Glaskorallen, die Spiegel und die Spangen sind doch gar zu schön, und warum sollte denn sie, gerade sie, kein Glück haben? Schnell tritt sie heran, hastig ergreift sie ein Los, und traurig zieht sie ab, während in demselben Augenblick ein lustiger Student laut lachend die beneidenswerteste Perlenschnur, die er gewonnen, um den Finger wickelt und sie dann dem ersten schönen Kind, das ihm begegnet, gleichgültig zuwirft.

*Friedrich Hebbel, ›Reiseeindrücke‹, 1836–1839*

Glückshafen auf der Wiesn,
Stich von 1830.

Die Schichtl-Truppe, um 1905.

Hereinspaziert, meine Herrschaften – 'ziert, meine Herrschaften – 'ziert, meine Herrschaften – 'ziert meine 'schaften – 'schaften! Was die sämtlichen Weltteile, was Amerika und der Ozean wirklich Gediegenes bieten – hier wird es gezeigt und sieht man es, hier entrollt es sich dem staunenden Besucher. Hier amüsiert man sich, hier unterhält man sich, hier ist das Vergnügen zu Haus, die Wonne, Seligkeit und Unterhaltung. – Kuriositäten, Raritäten, Athleten, Magneten samt Geräten. – Der Löwenmensch, der herrliche Jüngling in scheußlicher Tiergestalt, ein kolossales Weltmonstrum von wunderbarer Schönheit … Die Riesendame, unsere schöne Zessa, zu Zürich in der Schweiz geboren. Sie wiegt 837 Pfund. Die schwerste, die zierlichste Dame der Erde, ein Liebling der Herren.

*Roda Roda, ›Die Schaubude auf dem Oktoberfest‹, 1932*

Liebe Aline!
Ich ging Montag ins Krankenhaus und bin heute Nachmittag entlassen worden. Ich hatte eine leichte Gehirnerschütterung, vier Schädelwunden und eine gebrochene Nase ... Das Oktoberfest findet auf der Theresienwiese statt, die neben dem Ausstellungspark am Stadtrand liegt. Ich ging zwei oder drei Mal hinaus und sah mir den Rummel an ... Folgendes ist passiert:
Ich hatte sieben oder acht Liter getrunken – das heißt fast einen Liter Alkohol – und war völlig betrunken. Ich ging durch einen Gang zu einem Seitenausgang, wo ich ein paar Männer traf. Ich glaube, einer von den Leuten hat mich beim Arm genommen – ich wollte weitergehen, er hielt mich fest, und obwohl ich keineswegs wütend, sondern eher überschwänglich glücklich war, gab ich ihm einen Stoß, so dass er über einen Tisch fiel. Dann stürzte ich frohlockend hinaus, wie ein Kind, das ein Fenster eingeworfen hat. Ich hörte Rufen und Schreien hinter mir, und als ich mich umdrehte, sah ich mehrere Männer hinter mir herlaufen. Einer hatte einen Klappstuhl aus dem Bierzelt bei sich – ein Ding aus Eisen und Holz. Ich merkte, dass er mir damit eins über den Kopf geben wollte, und ich weiß noch, dass mich das in Wut brachte. Ich blieb stehen und wandte mich um, und dann hatte ich auf diesem grässlich schlüpfrigen Schlammboden einen blutigen Kampf mit diesen Leuten. Ich erinnere mich jetzt mit Grauen daran wie an eine Hölle aus glitschigem Schlamm, Blut und Finsternis, und der Regen fiel auf uns Tobsüchtige herab, die wir einander umbringen wollten.
*Thomas Wolfe an Aline Bernstein, Brief vom 4. Oktober 1928*

Er wusste, dass er wieder auf dem Oktoberfest gewesen war und dort Liter auf Liter des kalten, köpfenden Oktoberbiers in sich hineingeschüttet hatte, bis er so berauscht gewesen war, dass die tausend biergeröteten Gesichter in der stinkenden, verqualmten Luft um ihn herum zu phantastischen Gespenstern geworden waren. Wieder hatte sich alles in lärmendem Tumult von den Plätzen erhoben, wieder hatte man Arm in Arm mit erhobenen Maßkrügen geschunkelt, wieder das rhythmische Hin und Her, während die Kapelle »Ein Prosit!« schmetterte. Wieder der rituelle Zauber dieses schwankenden, brüllenden Menschenkreises, der brüllende Chor in der großen düsteren Halle; wieder das Bild der wilden Gesichter im alten, dunklen Walde einer barbarischen Zeit und wieder die plötzliche, herzbeklemmende Angst vor den Barbaren. Und dann? Er wusste es nicht. Hatte er in jedem Augenblick trunkener Angst den schweren Maßkrug erhoben und ihn in das Schweinsgesicht, in die roten Schweinsäuglein des ungeschlachten Burschen neben sich geschleudert? Er wusste es nicht – aber eine Schlägerei hatte es gegeben – Mord und Totschlag, fliegende Maßkrüge und blitzende Messer, die blindwütige Raserei des roten, biertrunkenen Zornes. Und nun lag er mit bandagiertem Kopf im Krankenhaus, lag auf dem Rücken und lauschte, lauschte dem Regen.

*Thomas Wolfe, ›Geweb und Fels‹, 1938*

*Thomas Wolfe*

*Amerikanischer Schriftsteller*
*1900 bis 1938*

*Ödön von Horváth*

*Deutschsprachiger Schriftsteller mit ungarischem Pass*
*1901 bis 1938*

Unter einer Wiesenbraut versteht man in München ein Fräulein, das man an einem Oktoberfestbesuch kennenlernt und zu dem die Bande der Sympathie je nach Veranlagung und Umständen mehr oder weniger intim geschlungen werden. Meistens wird die Wiesenbraut vom Standpunkt des Herrn aus gesehen – aber die Geliebte samt der Sehnsucht, die in der Wiesenbraut lebt, wird selten respektiert. Oft will die Wiesenbraut nur lustig sein und sonst nichts, häufig will sie sonst auch noch etwas; nie aber denkt sie momentan materiell. Aber in der Wiesenbraut lebt häufig die Sehnsucht, dass es immer ein Oktoberfest geben soll; immer so einen Abend; immer eine Achterbahn; immer die Abnormitäten; immer Hippodrom im Kreise.
Seit es eine Oktoberfestwiese gibt, seit der Zeit gibt es eine Wiesenbraut. Die Wiesenbraut verlässt die Ihren, verlässt ihr Milljöh – geht mit Herren, die sie nicht kennt, interessiert sich wenig für den Charakter, mehr für die Vergnügungen. Die Wiesenbraut denkt nicht an den Tod. Die Wiesenbraut opfert ihren Bräutigam, sie denkt nicht, sie lebt. Sie verliert ihre Liebe wegen einem Amüsement. Sie vergisst, wohin sie gehört. Und der Kreis um die Wiesenbraut empfindet diese Störung. Er gerät durcheinander aus Enttäuschung. Aber bald ordnet sich wieder alles – und die Wiesenbraut ist ausgeschaltet. Nur im Märchen bekommt die Wiesenbraut einen Prinzen. In Wahrheit versinkt sie in das Nichts, sobald die Wiese aufhört.

*Ödön von Horváth, ›Wiesenbraut und Achterbahn‹, 1931*

An der Steckerlfischbraterei,
um 1930.

*»Ich stand vier Tage kopf. Keiner sagte mir, dass Fasching bis Aschermittwoch dauert.«*
Freddie Mercury

# Vergnügungen

## Fasching, Feten, Varieté

Die Lust an der Selbstinszenierung, am Theatralischen und Spiel ist dem bayerisch-barocken Menschen eigen. Ihm wird nachgesagt, er bewältige Teile seiner widerspenstigen Wirklichkeit weniger, indem er ihren Zusammenhang erkennt, sondern indem er ihn darstellt. Verspieltheit und Prunk spendeten besonders nach den Verheerungen im 17. Jahrhundert Trost und Balsam. Um 1634 starb in München etwa die Hälfte der 20 000 Einwohner an der Pest. Rund 900 Dörfer und Städte wurden in Bayern am Ende des Dreißigjährigen Krieges zerstört.

Doch die Überlebenden hatten erfahren, dass man mit Traurigkeit nicht weit kommt: Die Schäffler wagten sich als Erste wieder auf die Straßen Münchens und ermutigten mit ihrem Tanz ihre Mitbürger, ihnen wieder ins normale Leben zurückzufolgen; die Oberammergauer gelobten, hinfort alle zehn Jahre die Tragödie vom Sterben Christi aufzuführen; und in den fernsten Winkeln Bayerns entstanden prachtvolle Barockkirchen. Optimismus und Zuversicht bezogen die Menschen aus ihrem Glauben. Bis ins 19. Jahrhundert waren die meisten Bayern katholisch, in München gab es um 1900 etwa 419 000 Katholiken unter den rund 500 000 Einwohnern. Das Kirchenjahr prägte ihren Alltag. Vor der Fastenzeit kam der Fasching.

Für den Fasching 1775 bestellte Kurfürst Max Joseph bei Wolfgang Amadeus Mozart eine komische Oper, die unter dem Titel ›Die Gärtnerin aus Liebe‹ im Redoutensaal aufgeführt wurde, während sich Vater Leopold Mozart und Sohn auf Karnevalbällen die Zeit vertrieben. Dort trafen sich Höflinge, Handwerker, Beamte und Bürger gleichermaßen zu Musik und Tanz. Viele dieser Bälle und Redouten fanden bei den Weinwirten statt. Sie hatten das Privileg, Spielleute zum Aufspielen und zu Tanzveranstaltungen zu engagieren. Im Fasching 1828 wurde das »Odeon« als neuer Festsaal mit einem

Hofball eröffnet. Dort fand ein Jahr später das erste Künstler-Maskenfest statt. Um 1900 gewann der Münchner Fasching durch die Mitwirkung der Schwabinger Künstler eine neue Dimension. Sie brachten aus ihrer Heimat vielgestaltige Bräuche mit, die sich mit den hiesigen Traditionen zu etwas Neuem mischten. Dazu gehörten die legendären Atelierfeste, deren ungezügelte Ausgelassenheit der schüchterne Schweizer Schriftsteller Robert Walser sehr zu genießen wusste. 1891 wurden die ersten Redouten mit originellem Maskentreiben veranstaltet. Die »Schwabinger Brauerei« entwickelte sich zu einer Hochburg des Faschings, wo 1895 erstmals die »Schwabinger Bauernkirchweih« gefeiert wurde. Nur Besucher in echten Trachten durften den Saal betreten. Die Schwabinger Bohemiènne Franziska zu Reventlow erzählt im Roman ›Ellen Olestjerne‹, wie es Leuten ohne nötigem Kleingeld erging. »In ganz München tobte jetzt der Karneval, und sie brannten alle darauf, etwas zu unternehmen. Aber keiner von ihnen hatte Geld - Künstlerfeste und Redouten waren unerschwinglich, so gingen sie nun eines Nachts ins Café Luitpold. Ellen hatte sich ein Clownkostüm geliehen, die Russin war auch maskiert, die Übrigen alle in ihren gewöhnlichen Kleidern.«

Das prunkvolle »Deutsche Theater«, das über elegante Gesellschaftsräume verfügte, wurde eine weitere Hochburg des Münchner Faschings. 1920 bot der damalige Besitzer Hans Gruß dem lebenshungrigen Münchner Publikum Varieté-Programme mit weltberühmten Spitzenkräften: Charlie Rivel, Enrico Rastelli, Grock, Anna Pawlowa oder Josephine Baker standen hier auf der Bühne. Als traumhaft dekorierter Ballsaal im Fasching, als Varietébühne für Artisten, Clowns und Komödianten, als Tempel der heiteren Muse für Operette und Lustspiel und als seriöse Schauspielbühne war das

Deutsche Theater ein fester Bestandteil des Amüsierbetriebs in München.

Eigentlich feierte die Schwabinger Bohème mit ihren privaten Salons, Gesellschaften und Bacchus-Festen voll Heiterkeit und Verrücktheit das ganze Jahr Fasching. Daran konnte der Popstar Freddie Mercury fast hundert Jahre später mühelos anknüpfen, als er den Fasching 1985 in München verbrachte. Der Bandleader der Rockgruppe Queen hatte München als zweiten Wohnsitz gewählt, um dort Alben aufzunehmen und ein vergleichsweise unbehelligtes Privatleben zu führen.

Am Aschermittwoch ist dann für vierzig Tage der Spaß vorbei – außer in München, wo nach dem Fasching zuerst noch die 17 Tage dauernde Starkbierzeit beginnt. 1634 hatten Paulaner-Mönche auf dem Nockherberg erstmals das Starkbier gebraut. Mit Flüssigem durften sie sich während der Fastenzeit stärken. So entstand ein Doppelbock mit 7,5 Prozent Alkoholgehalt, dem mit großer Leidenschaft noch heute zugesprochen wird, wenn Kabarettisten und Schauspieler auf der Nockherberg-Bühne nach Herzenslust Politiker imitieren und »derbleckn«.

Mit den Vorstädten entstanden neue Formen der Unterhaltung und Selbstinszenierung. In nur fünfzig Jahren wuchs München zwischen 1849 und 1900 von knapp neunzig auf eine halbe Million Einwohner. In den inzwischen eingemeindeten Dörfern Giesing, Au, Haidhausen und Ramersdorf schossen Mietkasernen und Herbergen aus dem Boden, aber auch Elendsviertel mit notdürftig zusammengezimmerten Hütten und Häusern. Ihre Bewohner hatten nur einen Wunsch: durch Unterhaltung dem Elend zu entfliehen. In den Vorstadttheatern, meist einfache Bretterbuden, wurde auf die Bühne gebracht, was dem einfachen Volk gefiel. Es traten Volkssänger auf

und erzählten von Lust und Leid in der Fremde, sie verliehen den ledigen, jungen Burschen, die in Massen vom Land in die Stadt gekommen waren, um dort ihr Glück zu versuchen, eine Stimme. Aus der Musik der Volkssänger entwickelte sich das Selbstwertgefühl der jungen Städter.

Einer von ihnen war der Komiker, Filmpionier und Schauspieler Karl Valentin. Der überragende Sprachakrobat war den Fallstricken des Daseins auf der Spur, Situationskomik und Grimassenziehen waren ihm dabei nur Mittel zum Zweck. Für den Schriftsteller Oskar Maria Graf war Valentin der »münchnerischste aller Münchner«, der mit geradezu genialischer Präzision die letzten Tiefen und Feinheiten des spezifisch Münchnerischen aufspürte. Sein großes Talent erkannten Berühmtheiten wie Bert Brecht, Lion Feuchtwanger, Hermann Hesse und Samuel Beckett. Im März 1937 kam es in Valentins »Panoptikum«, einer Mischung aus Gruselkabinett und Schaustellerei, zu einem Zusammentreffen zwischen den beiden Exponenten des absurden Theaters. Als Samuel Beckett den Gruselkeller betrat, begrüßte ihn Valentin mit dem »Winterzahnstocher« in der Hand. Das fand Beckett »crazy«.

Mit dem Christopher Street Day der Schwulen hat der Fasching neuerdings starke Konkurrenz bekommen. Im Herzen der Stadt präsentieren sich mitten im Sommer phantasiereich verkleidete Paradiesvögel auf hochhackigen Plateausohlen, schräge Typen mit überdimensionierten Wimpern und gut gebaute Muskelprotze in silbernen Lackanzügen den zahlreichen Zaungästen. In München kann eben jeder zu jeder Zeit auf seine Façon glücklich werden.

Wir sind alleweile im Karneval begriffen - seltsam genug, dass alle öffentlichen Gesellschaften, Bälle usw. sich auf die kurze Zeit von Heiligdreikönig bis Aschermittwoch beschränken. Jetzt gibt es alle Tage etwas, außerdem aber gar nichts, und den ganzen Winter über nicht einmal ein Konzert … Hierher darf nun alles kommen und kommt auch alles, der König und die Königin samt dem Hofstaat, Minister usw. sind fast jedesmal da und sitzen gewöhnlich an den ersten Spieltischen hinter den Stühlen, mit den Karten in der Hand einer Pantomime zusehend, die jedesmal in zwei Akten auf dem Theater aufgeführt wird, italienische Possen, recht derbe mitunter mit Arlekin, Pierrot, Pantalone, Colombine in ihren bestimmten Trachten. Dicht am Könige sitzt vielleicht irgendeine dicke Bierbrauersfrau mit goldner Haube und Ketten am Brustlatz - das Gedränge ist entsetzlich, und doch drängt sich alles untereinander durch … Ganze Masquen haben Zutritt und finden sich auch immer dergleichen ein, um Spaß zu treiben, der durch die Gegenwart der königlichen Familie natürlich im Zaum gehalten wird.

*Caroline Schlegel-Schelling an Luise Wiedemann, Brief vom 31. Januar 1807*

Bis Sonntag wird Feiertag sein und die Sch…-Komödie zieht sich in München hin über die Zeit, in der Spaß mit der Dummheit der verrückten Einwohner getrieben wird. Horatio Brevis studiert und lernt auf der Viola kratzen, ich würde eher ein hübsches kleines Mädchen fiedeln. Wenn der Garten von Euer Gnaden grün wird, so wird meiner auch nicht grau eben - ich möchte nicht als Kapuziner leben … Wenn die Prozession in Landshut am Donnerstag herumgeht, geht sie in München auch nicht bloß geradeaus; wenn der Rosenkranz nicht ganz ist, dann deshalb, weil er geteilt ist - Gott gebe uns ein Paradies. Ich habe Madame in München gesehen, mit dem reizenden kleinen Maximilian. Weiter habe ich Euer Gnaden nichts zu schreiben, nachdem ich Euch untertänigst und Madame pflichteifrigst die Hand geküsst habe. Ob die fraises gut zu sehen sind - ich schweige darüber, wenn ich nichts sage. Aus München den Tag, die Stunde, die Minute, den Augenblick, den ich nicht möchte, schon im Gewande, durch Gottes Güte gut imstande.
E.F.G, Öffentlicher Geheimschreiber, Orlando Magnifico
*Orlando di Lasso an Herzog Wilhelm, Brief von Ende Mai 1575*

Als heiteres Nachspiel schließt sich an die Cholera der Schäfflertanz. Die Schäfflergesellen durchziehen in rothen Fracks, schwarz-manchesternen Hosen, weißen Strümpfen und Schuhen, Guirlanden in den Händen, zwei Hanswürste und ein Musik-Chor an der Spitze, die Stadt und führen vor den Wohnungen der Honoratioren sowie vor Brauhäusern und Weinschenken einen abenteuerlichen Tanz auf. Dieß ist eine Volkslustbarkeit, die nur jedes siebente Jahr statt hat … Der Schäfflertanz ist ehemals wohl anders gewesen, frischer, heller, freudiger; jetzt tanzen vernünftige Leute mit ernsthaften Gesichtern, wie man auf dem Theater tanzen sieht, nämlich für Geld; Hanswurst ist ein tristes, ja schauerliches Gespenst, das sich aus der Gruft heraufgestohlen und nichts als sein altes, buntes Narrenkleid mitgebracht hat, das Ganze ein nachgemachtes Feuer, an dem man sich nicht erwärmen kann.

*Friedrich Hebbel, ›Schäfflertanz‹, 1836–1839*

Schäfflertanz, 1914.

Fasching, 1920er Jahre.

München hat auch zwei Vorstadttheater, eines in der Vorstadt Au, das andere bei den Linden. Beide sind hölzerne, ziemlich geräumige Hütten und haben auch Logen. Beide spielen jeden Tag zweimal, das erste Mal um vier, das zweite Mal um acht Uhr. Ich habe die Schauspieler im Autheater viel besser gefunden, besonders ein Fräulein Schütz, welche ich wohl Herrn Nestroy zu seiner Gesellschaft wünschte.
*Ignaz Franz Castelli, 1855*

*Hans Christian Andersen*

*Dänischer Dichter*
*1805 bis 1875*

Freitag, der 9. Mai
Ging nachmittags in die Vorstadt Au und sah das Schweigerische Volkstheater. Um vier Uhr begann die erste Vorstellung, um 8 Uhr dieselbe zum zweiten Mal. Das war sehr elend. Sie gaben Holteys ›Leonore oder die Vermählung am Grabe‹. Mir wurde ordentlich wehmütig zumute ob solcher Erbärmlichkeit, und dann schimmerte die warme Sonne durch die Spalten, Wagen fuhren vorbei und die Leute redeten draußen. Um sechs Uhr war es aus, und ich machte im Schlossgarten einen Spaziergang.
*Hans Christian Andersen, ›Tagebücher‹, 1840*

Robert Walser

Schweizer Schriftsteller
1878 bis 1956

*Im Oktober 1899, möglicherweise auch erst zwei Jahre später, hielt sich der Schweizer Schriftsteller Robert Walser mehrere Monate in München auf:*

Einmal gab's ein Atelierfest. Man aß und trank und trieb Kurzweil. Dieser trat als jodelnder Tiroler, jener als degentragender Venezianer auf. Später wurden die Lichter gelöscht und im Dunkeln Märchen erzählt. Ich selbst befasste mich weniger mit Erzählkunst als damit, dass ich mich auf dem Nacken einer Künstlerin im Küssen übte, was sie sich ruhig gefallen ließ.
*Robert Walser, ›München‹, 1921*

Atelierfest um 1900.

Diese Münchner Zeit blieb uns stets in angenehmer Erinnerung … Ich erinnere mich an eine Maifeier. In jenem Jahr war es der deutschen Sozialdemokratie zum ersten Mal gestattet worden, einen Umzug zu veranstalten, aber nur unter der Bedingung, dass man Ansammlungen innerhalb der Stadt vermeide und die Feier außerhalb veranstalte. Und nun zogen die deutschen Sozialdemokraten in großen Kolonnen, mit Kind und Kegel und mit den üblichen Rettichen in der Tasche, schweigend im Eilmarsch durch die Stadt, um später in einem Vorstadtrestaurant Bier zu trinken. Es gab keinerlei Fahnen oder Plakate. An eine Demonstration aus Anlass des Weltfeiertages der Arbeiterklasse erinnerte diese »Maifeier« in keiner Weise. In das Vorortrestaurant, das die Prozession aufsuchte, gingen wir nicht mit. Wir blieben zurück und schlenderten nach alter Gewohnheit durch die Straßen Münchens, um das Gefühl der Enttäuschung zu betäuben, das unwillkürlich unser Herz bedrückte: Wir hatten an einer kampfesfreudigen Demonstration teilnehmen wollen und nicht an einer Demonstration mit polizeilicher Genehmigung.

*Nadeschda Konstantinovna Krupskaja, Lenins Frau, über die Zeit in München, 1901/02*

Maifeier der Münchner Arbeiterbewegung im Jahr 1900 in Holzapfelkreuth.

Ein herrlicher Tag. Die ganze Stadt ist auf den Beinen. Der Fasching steht auf seinem Höhepunkt. Die Menge der Deutschen ist hässlich und plump. Sie teilen Schläge aus und Küsse, die auch nicht besser als Schläge sind. Sie werfen Konfetti, als ob sie eine Pflicht erfüllen müssten. Kein witziges Wort, kein geistvolles Gelächter.

*Marianne Werefkin, ›Briefe an einen Unbekannten‹, 1901–1905*

*Am 29. November 1911 notiert Kafka in sein Tagebuch: »Sehr ergiebiger Fasching in München. Nach dem Meldeamt kommen während des Faschings über 6000 Frauen ohne Begleitung nach München, offenbar nur, um sich koitieren zu lassen. Es sind Verheiratete, Mädchen, Witwen aus ganz Bayern, aber auch aus den angrenzenden Ländern.«*

Es war nachts und am Vorabend des Faschings. Alle verderblichen Mächte Bayerns hatten zu dieser Stunde ihre jugendlichsten Formen angenommen und waren auf der Straße wie auf dem Ball des Volkstheaters, wohin mich mein Lehrer, der am Eingang zwei Dominos für uns auslieh, mitnahm, allesamt maskiert. Der Ball begann. Die Logen der Barone und Bankiers hatten ihre Zugbrücken bis ins Parterre heruntergelassen und begünstigten den Austausch von fast nackten Körpern, die nur durch die Verzierung mit einer Stecknadel oder einem Gürtel als Bajadere oder Pique Dame zu identifizieren waren.

*Jean Giraudoux, ›Siegfried oder Die zwei Leben des Jacques Forestier‹, 1920*

Gegen den Satan der Fleischeslust ist noch kein Kraut gewachsen, besonders im Fasching nicht. Auch wenn man eingeschriebenes Mitglied der NSDAP ist, erliegt man halt leicht der Versuchung, wie uns dies der Fall Tafelhuber zeigt. Der Tafelhuber Toni war nämlich ein überaus eifriger Hakenkreuzler, aber trotzdem verleugnete er bei der letzten Redoute seinen Hitler, und daran war nur so ein raffiniertes Frauenzimmer, Gott verzeih ihr die Sünd, schuld. Die hat den Tafelhuber Toni direkt um ihre Finger gewickelt, akkurat wie die Dalila ihren Samson … Sie ging als Andalusierin und hatte was für ihn. Sie ist an ihm vorbeigerauscht, und er fühlte sich magisch hingezogen. Und sie hat halt nicht locker gelassen mit ihren verheißungsvollen Augen und den halbgeöffneten sinnlichen Lippen. So wurde er verzaubert. Fünf Mal hat er dann getanzt damit, und zwar gleich hintereinander. Sie presste sich an ihn, und ihm tat das wohl, denn sie war halt kein Krischperl. Hernach wurde er plötzlich romantisch und gebrauchte ein dichterisches Bild, worauf sie sich an seinen Arm hängte und meinte, sie müsse nun etwas trinken vor lauter Linksrum. Er stieg mit ihr auf die Galerie in ein schattiges Eck. Dort setzten sie sich, und wie auf ein Kommando intonierte die Musik eine getragene Weise. Aber das war alles nur Schicksal. Sie trank einen süßen roten Likör, und er sah ihr dabei zu. Dann kamen sie sich immer näher und gaben keinen Ton von sich.

*Ödön von Horváth, ›Wie der Tafelhuber Toni seinen Hitler verleugnet hat‹,* 1930

Besonders viel an »Schätzen« lieferten die »Redouten«, so heißen in München die Maskeraden, die in aller Regel zu der Karnevalszeit veranstaltet werden. Hier ist alles besoffen, alles zur Schau gestellt, keiner geniert sich vor den anderen, und in neun Monaten nach der heißen Karnevalszeit nimmt die Bevölkerung Münchens wesentlich zu. D.N. Kardowsky verhielt sich wie ein schüchternes Mädchen. Die anderen Russen blieben nicht zurück und eiferten den uralten Bräuchen des gastfreundlichen, sie vorübergehend beherbergenden Landes nach.
*Igor Grabar, ›Erinnerungen‹, um 1900*

München war beides: Großstadt und Dorf, ländliche Idylle und eines der großen künstlerischen Zentren, das wegen seiner Traditionsverbundenheit und üppigen Lebensromantik die ganze Welt angezogen hat, insbesondere junge Künstler, Bohemiens und Sansculotten sowie sonderbare Naturmenschen, die mit verwilderten Bärten und Haaren, in phantastischen Kostümen und Fetzen auf den Straßen, in Lokalen und Vergnügungsstätten wie Urmenschen erschienen. Orang-Utans und Gorillas, die dem großen, grotesken, futuristischen Fasching ein noch gewaltigeres, komplexeres Kennzeichen verliehen.
*Josip Kosor, ›Die Große Autobiographie‹, 1928*

Fasching, 1920er Jahre.

Szenenbild aus dem »Don Juan«-Fest, 1902.

Wir kamen rechtzeitig, um eines der glänzendsten Faschingsfeste mitzufeiern, das Schwabing jemals begangen hatte. Glänzend, nun, Herr Großhuber mit der Zweipfünder-Golduhrkette hätte was anderes darunter verstanden. Vielleicht solch ein Fest, wie es 1891 unter dem Motto »Auf dem Meeresgrund« stattfand … Wir Schwabinger waren bescheidener - und doch auch wieder weniger bescheiden. Wir sahen den Glanz in etwas anderem. Etwa 14 Tage wirbelnden Lebens hatten genügt, um Anita mit der gesamten Staffage Münchens bekannt zu machen … Als wir, Anita, Schickele und ich, über Geiselgasteig und Höllriegelskreuth nach Pullach kamen und das Isartaler Wirtshaus betraten, wo sich nach Frank Wedekinds Idee ein Schock illustrer Geister - und um sie herum zehn Schock weniger illustrer - zu einer »Elendenkirchweih« zusammenrotteten, empfingen uns bereits wiegende Walzertakte. Über die breitgestuften Terrassen schwebte ein Volk von Korsaren und Bajaderen hin, rote Henker und blaue Matrosen, Prinzessinnen und Grisetten. Arm in Arm schritten paradoxe Paare dahin, ein sächselnder Doktor Faust mit Kleopatra, Don Quixote mit Gretchen.

*René Prévot, ›Kleiner Schwarm für Schwabylon‹, 1954*

*René Prévot mit Freundin Anita und Freund René Schickele besuchten 1905 den Münchner Fasching.*

*In sein Münchner Tagebuch notierte Beckett, Valentin sei ein »hochkarätiger Komödiant« und strahle Depression aus. Am letzten Tag in München vermittelte der ihm aus Berlin bekannte Schauspieler Josef Eichheim eine Begegnung mit Valentin. Ein merkwürdiges Treffen, crazy, in Becketts Worten. In der einen Hand eine Taschenlampe, in der anderen Hand einen pelzbesetzten Winterzahnstocher, führte Valentin die Besucher durch den labyrinthischen Keller in sein neues Wachsfigurenmuseum, in dem völlig verrücktes, zusammengewürfeltes Zeug stand. In schwer verständlichem Bayerisch erklärte er Beckett seinen Gruselkeller. Beckett erinnerte sich 36 Jahre später:*

Ich habe Karl Valentin tatsächlich 1937 gesehen, es war wohl in einem heruntergekommenen Varietétheater in München, und dabei sehr traurig viel gelacht.

*Samuel Beckett an Michael Schulte, Brief vom 29. November 1973*

Karl Valentin und Liesl Karlstadt als »Raubritter vor München«, 1925.

Und weil das Lachen mir eine gute und sehr begehrenswerte Sache schien, darum fragte ich meinen Freund, ob es zurzeit nicht in München wieder einen echten, klassischen Komiker gebe, so wie ich früher hier den einen und andern schon erlebt hatte. Jawohl, mein Freund wusste mir einen, er hieß Valentin. Er spielte mit einer kleinen Truppe die ›Raubritter vor München‹, ein wunderbares Stück, eine außerordentliche Viecherei. Der Zweck des Stückes war der, dem Valentin Gelegenheit zu geben, als Schildwache mit einem langen Säbel auf und ab zu gehen und komische Sachen zu tun oder zu sagen. Manchmal war es auch zum Schluchzen traurig, zum Beispiel wie er in der kühlen Dämmerung an der Stadtmauer saß, die Ziehharmonika spielte und an sein junges Leben, an den Krieg und den Tod denken musste. Oder wenn er lange Zeit nachdenklich von einem Traum erzählte, in dem er eine Ente gewesen war und beinah einen langen Wurm gefressen hätte. An dieser Stelle war, in simpelster Form, die Unzulänglichkeit des menschlichen Erkenntnisvermögens ergreifend zur Darstellung gebracht. Auch diese tragische Stelle wurde, ebenso wie jene mit der Harmonika, mit brausenden Lachsalven begrüßt, nie habe ich ein vergnügteres Haus gesehen. Wie gern doch alle Menschen lachen! Weit von den Vorstädten laufen sie in der Kälte herein, zahlen Geld, warten lang, kommen erst um Mitternacht nach Hause, nur um eine Weile lachen zu können. Auch ich lachte sehr, meinetwegen hätte das Stück bis zum Morgen dauern mögen. Weiß Gott, wann man wieder zum Lachen kommt … Die Erinnerung an Valentin gehört zu den Kostbarkeiten dieser Reise.

*Hermann Hesse, ›Die Nürnberger Reise‹, 1947*

*Hermann Hesse*

*Deutscher Schriftsteller mit Schweizer Wohnsitz 1877 bis 1962*

Über die Festzeit, wo jeder Magen seine kleine Orgie feiert, bleibt der Kunstmagen meist leerer als sonst. Diesmal war besonders die musikalische Tafel dürftig besetzt und wird es wohl bleiben bis Aschermittwoch. Sollte etwas Bedeutendes sich ereignen, wird es sich aus der Ruhe desto besser abheben. Was aber dann nach Aschermittwoch erfolgt, wird schwer zu beschreiben sein … Ich glaube an die Bewegung und auch an den wirklichen Ernst des einen oder andern Münchner Expressionisten. Leider fehlt mir die Möglichkeit eines Vergleichs mit den Pariser Unabhängigen, bei denen einige von den hiesigen mitbeteiligt sind. Der kühnste von ihnen ist Kandinsky, welcher auch durch das Wort zu wirken sucht.
*Paul Klee in München, Januar 1912*

*Paul Klee*

*Schweizer Maler*
*1879 bis 1940*

Am Faschingsdienstag hat man den Winter im großen Ganzen überstanden, und es ziemt sich ein kleiner Rückblick. Ich kann nicht sagen, dass damit viel Trost verbunden sei diesmal. Denn malen kann ich eben immer noch nicht, trotz meiner strengen Tonwertbeobachtung und trotz meiner raffinierten Art, das Maß der Helldunkelstufungen zu treffen.
*Paul Klee in München, Februar 1910*

Für einen Barbaren aus dem Norden, der die Treue zum Wort mit der Muttermilch eingesogen hat, ist das alles schrecklich, aber es macht Spaß. Das Publikum tobt und jubelt, die Kritik tobt und jubelt, man selbst bekommt einen heißen Kopf, der Boden schwankt unter den Füßen. Was ist es, was ich sehe, was ist es, was ich höre, bin ich derjenige, der - oder?

Allmählich entscheide ich mich - jetzt gilt es, verdammt noch mal, Stellung zu beziehen -, das tun alle, und dann fühlt man sich gut, auch wenn man seine Behauptungen am nächsten Tag zurückzieht und das Gegenteil sagt. Also: Das meiste, was im Deutschen Theater auf mich einstürzt, ist nicht totale Freiheit, sondern totale Neurose. Was soll den armen Teufeln denn auch noch einfallen, um das Publikum und vor allem die Kritik dazu zu bringen, auch nur die Augenbraue zu heben ... Jetzt kommt es also darauf an, frech zu sein, wenn man sich profilieren will. Freiheit ist das nicht. Inmitten dieses Chaos blühen große Theatererlebnisse, geniale Interpretationen und entscheidende, explosive Ausbrüche. Die Leute gehen ins Theater, beklagen sich laut. Oder freuen sich. Oder beklagen und freuen sich. Die Presse ist mit von der Partie. Ununterbrochen detonieren lokale Theaterkrisen, ein Skandal löst den anderen ab. Kritiker schänden und werden geschändet, es ist, kurz gesagt, ein teuflischer Radau. Krisen in Massen, aber kaum eine richtige Krise.

*Ingmar Bergman, ›Laterna Magica. Mein Leben‹, 1987*

*»Schwabings Stunde heißt Illusion. Dieser Stadtteil hat die Weite, die Dehnbarkeit eines Kontinents.«*
René Prévot

# Das Weltdorf

## Schwabinger Einblicke

Die Debatte zwischen Avantgarde und Tradition in Kunst, Literatur und Lebensstil fand um 1900 in Schwabing statt, das weit mehr als nur ein geographischer Ort war. Schwabing war Projektionsfläche für Träumer, Rebellen, Weltverbesserer und Grenzgänger. Aus dem ehemaligen Bauerndorf Schwabing entwickelte sich nach der Eingemeindung 1890 ein Treffpunkt weltgewandter Künstler aus den unterschiedlichsten Ländern. Junge Kunststudenten kamen nach München, um dort in den weltberühmten Kunstmuseen, an der international renommierten Kunstakademie und in privaten Malschulen wie der von Anton Azbe Malerei und Bildhauerei zu studieren.
Die Stadt war damals eine der angesehensten und maßgeblichsten Kunstmetropolen Europas: Der Wille, die Kunst zur gemeinsamen Sprache zwischen Menschen unterschiedlichster Herkunft zu wählen, machte das »Experiment Schwabing« im damals nationalistisch gesinnten Europa so einzigartig. Aus den fremden Zuzüglern wurden rasch Schwabinger Neubürger, die die lokaltypischen Gewohnheiten bald in ihr eigenes Leben integrierten. Zur jährlichen »Bauernkirta«, die vom Verein der Kunststudierenden organisiert wurde, kamen sie ganz selbstverständlich in Lederhosen und Dirndl in die Schwabinger Brauerei. Sie waren neugierig, experimentierfreudig, offen, lernten voneinander und teilten, was es zu teilen gab. Der Austausch der Kulturen erwies sich als äußerst produktiv und innovativ, die Kunst als gemeinsame Lebensweise wie die strikte Ablehnung bürgerlicher Lebensformen wies den Schwabinger Künstlern auf der Suche nach einer neuen Identität den Weg in die Moderne. In unmittelbarer Nachbarschaft zum Schweizer Maler Paul Klee schuf der Russe Wassily Kandinsky in Schwabing sein erstes abstraktes Bild. Durch die intensive Beschäftigung mit der bäuerlichen Kunst revolutionierte er die Kunst des 20. Jahrhunderts.

Wie seine russischen Freunde Alexej Jawlensky und Marianne von Werefkin sammelte er volkskundliche Schnitzereien und entdeckte in Murnau die volkstümliche Hinterglasmalerei, die er »bayerische Ikonen« nannte. Beim Künstlerpaar Jawlensky-Werefkin in der Giselastraße weilten die berühmtesten darstellenden Künstler jener Tage, zum Beispiel Anna Pawlowa, Nijinsky oder Eleonora Duse.
Revolutionierten Kandinsky und andere die Künste, so revolutionierte Franziska Gräfin zu Reventlow den Lebensstil. Ihre Einstellung zu Erotik und Sexualität sprengte den Rahmen der wilhelminischen Moralvorstellungen. Sie lehnte es ab, sich aus wirtschaftlicher Bequemlichkeit an einen Mann zu binden, pflegte die freie Liebe, ließ sich dafür auch entlohnen, war stolz auf ihr uneheliches Kind und lebte mit mehreren Männern ohne Trauschein in einer Wohnung zusammen. Sie stammte aus alter adliger Familie, der sie aber den Rücken gekehrt hatte, als sie die Fesseln der gesellschaftlichen Zwänge als unerträglich empfand. Trotz ihrer immer wieder auftretenden Armut blieb sie eine Grande Dame, die als einzige Exponentin der Schwabinger Bohème Zugang zum Salon des Künstlerfürsten Adolf von Hildebrand hatte. Der Bildhauer und Akademie-Professor war als Mitglied des Theaterzensurbeirates eine feste Stütze der herrschenden Konventionen. Für die Bilder des »Blauen Reiters« um Kandinsky und Franz Marc hatte er kein Verständnis.
Mit dem Ausbruch des Ersten Weltkrieges wurde das Schwabinger Experiment jäh unterbrochen. Ausländische Künstler, die aus so genannten »verfeindeten« Ländern stammten, mussten als Kriegsgegner sofort das Land verlassen, darunter auch Kandinsky, Jawlensky und Marianne von Werefkin. In der Räterepublik 1918/19 gaben zugereiste Schwabinger Literaten wie Gustav Landauer, Erich Mühsam und Ernst Toller wieder den Ton an, wurden aber schon

bald von russischen Revolutionären wie Eugen Leviné und Max Levien abgelöst. Mit der blutigen Niederschlagung der Räterepublik war die Schwabinger Sozialutopie endgültig gescheitert. Viele vom weißen und roten Terror traumatisierte Münchner machten die »Schwabinger Kaffeehausdilettanten« für das Blutvergießen verantwortlich und sahen sich in ihrem Misstrauen gegen »Ausländer« bestärkt. Schließlich wurden Sündenböcke gesucht.

Erst in den sechziger Jahren konnte Schwabing wieder an das Lebensgefühl der Jahrhundertwende als Ort der Rebellion und des Aufbruchs anknüpfen. Eine harmlose Musikdarbietung von Straßenmusikern löste im Juni 1962 auf der Leopoldstraße tagelange Krawalle aus. Fünf Nächte lang lieferten sich tausend Jugendliche mit der Polizei erbitterte Straßenkämpfe. Wenige Jahre später rebellierten junge Leute im Westen Europas und den USA mit Rockmusik und »Flower Power« gegen die Elterngeneration, so auch in Schwabing. Man war auf der Suche nach einer besseren Welt ohne Krieg und Unterdrückung. Männer ließen sich die Haare wachsen, schlossen sich mit Frauen zu Kommunen zusammen und kämpften gemeinsam für die freie Liebe. Der eher harmlose Film ›Zur Sache, Schätzchen‹ von 1968, die sommerlich-heitere Schwabinger Liebesgeschichte eines Aussteigers, hält dieses Lebensgefühl lebendig.

Der Englische Garten, ehedem ein Ort für Spaziergänger und Inspiration suchende Literaten wie Friedrich Hebbel, Robert Walser und Rainer Maria Rilke, wurde zum Symbol für anarchistische Hippies. Bereits 1789, als in Frankreich die Revolution begann, hatte der bayerische Kurfürst Carl Theodor seinen Untertanen zur Erholung und Erbauung einen Volksgarten im Stil der englischen Landschaftsarchitektur mit Apollotempel, Chinesischem Turm und Monopteros geschenkt. Der griechische Säulentempel auf einem kleinen Hügel

mit einer einzigartigen Rundsicht auf das angrenzende Schwabing wurde nun zum Treffpunkt der Gammler, wie die aufmüpfigen Jugendlichen in München abschätzig hießen. Am Monopteros wurde geraucht, geliebt, musiziert, getanzt, getrunken, debattiert. Im Sommer eroberten sich die »Nackerten« einen Teil des Volksgartens. Eine Kommune mitten in Schwabing erlangte Kultstatus. Als legendäre Kommunardin beherbergte Uschi Obermaier aus dem Stadtteil Obersendling in dieser wilden Wohngemeinschaft öfter auch Rockstars wie Mick Jagger. Experimentiert wurde mit allem, was etablierte Bürger in Angst und Schrecken versetzte: mit Drogen, Esoterik, Musik und Sex. Lebensformen, die noch Franziska zu Reventlow mit ihren Lebensgefährten Franz Hessel und Graf von Suchocki nur unter großen Schwierigkeiten erprobt hatte, wurden lustvoll reaktiviert. »Ich hatte immer nur für mich gekämpft, für mein Recht auf Pop und Männer und aufs Ausschlafen in der Früh«, meinte Uschi Obermaier rückblickend.
Seit Mitte der siebziger Jahre verblasste der Mythos von Schwabing als Ort der Freizügigkeit, Lebendigkeit und Geistigkeit zunehmend, der einst so unbändige Freiheitsdrang geriet zur antibürgerlichen Attitüde, die Gegend um die Leopoldstraße wurde zur Partymeile und das rebellisch-kreative Leben zog sich in andere Stadtviertel zurück. Kein Wunder, dass der spätere ungarische Nobelpreisträger Imre Kertész 1992 das »alte Schwabing« nicht mehr fand.

Hanna war noch Schülerin, ein Mädchen mit Kniestrümpfen. Sie traf ihn regelmäßig im Englischen Garten, wo er stets auf der gleichen Bank saß, und führte ihn dann durch München. Er liebte München. Er war alt, nach ihren damaligen Begriffen, sogar uralt: zwischen fünfzig und sechzig. Sie hatten immer nur wenig Zeit, je Dienstag und Freitag, wenn Hanna ihre Geigenstunde hatte, und sie trafen sich bei jedem Wetter, sie führte ihn und zeigte ihm die Schaufenster. Armin war vollkommen blind, aber er konnte sich alles vorstellen, wenn man es ihm sagte. Hanna sagt: es war einfach wunderbar, mit ihm durch die Welt zu gehen.
*Max Frisch, ›Homo Faber‹, 1957*

Wenn das Klima Münchens der Konservierung der Bilder günstig ist, so ist es den Künstlern selber noch viel günstiger. Nicht in dem Sinne, dass man imstande wäre, schnupfenfrei in einen Winter und wieder herauszukommen, sondern dass man, solange man nicht so erkältet ist, dass man durch die Augen nicht mehr zu schauen vermag, Stimmungen in der Natur sieht, Beleuchtungseffekte und Wolkengebilde, welche an Pracht und Abenteuerlichkeit die leuchtenden Landschaften der venezianischen Hochrenaissance weit übertreffen. Die breiten und

Der Monopteros von Südwesten, 1918.

zum Verzweifeln langen Straßen, die mit alten Bäumen bestandenen Plätze und die elenden Droschken, die alle Dimensionen noch größer erscheinen lassen, sind dieser Luftperspektive nicht weniger förderlich als der Englische Garten mit seinen blassen Wiesen und den weißen Kieswegen, die in so müßiger Ruhe bald an der anderen Seite des blanken Baches hinleiten und nichts zu versäumen haben. Der Park erstreckt sich stundenlang bis gegen Schleißheim, und es kann leicht geschehen, dass man dort den Abend erwartet. Dann hebt sich der kleine Säulentempel, Monopteros genannt, als Silhouette scharf von den matten Tönen der nebligen Luft ab, und weit über den Wiesen ist die Stadt, dunkel und dämmernd, und ihr Wahrzeichen, die Türme der Frauenkirche, ragen hoch empor vor dem Goldgrund des Abends … Etwas Leichtes und Befreiendes kommt über Pinsel und Federn, ein heiteres Pleinair schmiegt sich um alle Gedanken und Wünsche, etwas, was sich ausprägt in dem steten Festefeiern des Volkes und in dem Teilnehmen aller an diesen Festfreuden.

*Rainer Maria Rilke, ›Auch ein Münchner Brief‹, 1897*

*Lou Andreas-Salomé*

*In Petersburg geborene Schriftstellerin und Psychoanalytikerin 1861 bis 1937*

In München stand man nicht in so weiter Allgemeinsamkeit wie in Paris oder Wien etwa - wie die Breite und Schönheit seiner Straßen auch leerer dalag, als riefen sie, man möge sich auf ihnen sammeln. Hier fand man sich ja eben nicht im »Münchnerischen« der Eingeborenen, sondern im Gemeinsamen aller Nationalitäten Deutschlands ringsum; zu Geselligkeit kam es in einzelnen literarischen Familien und Schwabinger Winkeln. Unter den zugezogenen Bekannten - auch Max Halbe, Frank Wedekind, der Langen-Verlag, später Bjornsons usw. - sagte mir ein Landsmann von Helene, den sie aber nicht kannte, am meisten zu: der damals schon erblindete Graf Eduard Keyserling.

*Lou Andreas-Salomé, ›Lebensrückblick‹*

*Imre Kertész*

*Ungarischer Schriftsteller geboren 1929*

Spaziergang in München. Ich suche das berühmte Schwabing. Finde es nicht. Beziehungsweise was ich finde, ist nicht das Erwartete. Düstere Straßen. München im Spätherbst, bei strömendem Regen, ist ein ziemlich düsterer Ort. Deutschland ist seit dem Gottesgericht vollkommen verwüstet. Diese Städte, diese Straßen, all das Wiederaufgebaute und Neugebaute sind bloß die vernarbte Oberfläche einer riesigen Wunde. Niemand weiß es, alle finden es schön.

*Imre Kertész, ›Ich – ein anderer‹, 1998*

Bald wir uns jetzt dem königlich bayerischen Einwohner der Hauptstadt zuwenden, so zerfällt derselbe: a, in Menschen, b, in Zuagroaste. Die Menschen teilen sich in ordentliche Bürger einerseits, und andrerseits in Bayern, Franken, Schwaben, Pfälzer und Tiroler. Die Zuagroasten bestehen aus Preißen und Schlawinern. In die Klasse der Preißen fällt auch der Hesse, Sachse, Hanseate; die Schlawiner hingegen sein Baschkiren, Londoner, Walachen usw., und das bleibt sich ziemlich gleich. Während die Menschen die innere Stadt München bevölkern, dann Bogenhausen, Giesing, Gern und Nymphenburg - halten sich Preißen und Schlawiner am liebsten in Schwabing auf, im Norden, wo man bei Nacht die Orgien schon von weitem erkennt an den beleuchteten Atelierfenstern. Die Schlawiner und Preißen reden untereinander russisch, kaukasisch und schottisch, es ist eine große Sprachenwirrung, darum heißt der Stadtteil Schwabylon, und was dort vorgeht, davor muss sich die Jugend und der Bürger hüten, überhaupts ist das nördlich vom Siegestor gar kein Bayern nicht, sondern es ist schon mehr Preißen.

*Roda Roda, ›Xaver Hubers Münchener Heimatkunde für die untern Volksschulklassen‹, 1905*

Blick gegen Siegestor und Schwabing.

*Olaf Gulbransson*

*Norwegischer Maler und Zeichner*
*1873 bis 1958*

Vor meinem Kefernest-Paradies am Schwabinger Bach lag eine Insel, die einzige Insel in München außer der Kohleninsel. Dort brüteten gerne Enten. Sonst kam niemand hin. Zu der Zeit lebte noch der alte Prinzregent von Bayern. Er hatte am Englischen Garten beim Aumeister eine Jagd, und die halbwilden Enten gehörten dazu. Auf einem natürlichen Nest lag nun seit einiger Zeit eine Prinzregentenente und brütete und dachte, sie wäre ungeschoren. Sie lag ganz zahm und still, wenn ich vorbeiging, weil sie mich kannte. Eines schönen Tages war plötzlich ein großes Geschrei und Aufregung. Ein Fremder war auf die Insel gekommen und hatte der Ente vom Nest weg den Hals umgedreht und sie mitgenommen. Ich war froh, dass ich nicht zu Hause gewesen war, sonst hätte ich diesen Fremdling wahrscheinlich in den Bach geschmissen.
*Olaf Gulbransson, ›Sein Leben‹, erzählt von Dagny Gulbransson-Björnson, 1967*

In München blieb ich vielleicht noch fremder als anderswo. Die Stadt mit ihrer bierseligen Jovialität, ihrer professionellen Gemütlichkeit, ihrem schalen, erzwungenen und künstlerischen Kunstverständnis deprimierte mich. Ich wohnte im Englischen Garten in einer Pension, zusammen mit englischen und ungarischen Snobs, die Atelierfeste in Schwabing besuchten und zwischen zwei Revolutionen munter den Cancan des Münchener Faschings tanzten.
*Sándor Márai, ›Bekenntnisse eines Bürgers‹, 1951*

Wladimir Iljitsch war ebenso wie Martow und Potressow mit legalem Pass ins Ausland gereist. In München beschlossen sie aber, mit fremden Pässen und abseits von der russischen Kolonie zu leben, um die aus Russland eintreffenden Genossen nicht zu gefährden und illegale Literatur in Koffern, Briefen usw. leichter nach Russland übersenden zu können. Als ich nach München kam, lebte Wladimir Iljitsch bei dem bereits genannten Rittmeyer, ohne bei der Polizei gemeldet zu sein, und nannte sich Meyer ... Nach meiner Ankunft zogen wir zu einer deutschen Arbeiterfamilie. Die Familie war recht groß, sie bestand aus sechs Personen. Sie hatten nur eine Küche und eine kleine Kammer. Aber es herrschte überall peinliche Sauberkeit, die Kinder waren sehr sauber und gut erzogen. Ich beschloss, Wladimir Iljitsch mit häuslicher Kost zu versorgen, und begann selber zu kochen. Ich kochte in der Küche der Wirtsleute, musste aber alles in unserem Zimmer zubereiten. Ich bemühte mich, dabei so wenig Geräusch wie möglich zu verursachen, denn Wladimir Iljitsch schrieb damals schon an seiner Broschüre ›Was tun?‹. Wenn er etwas schrieb, ging er gewöhnlich mit raschen Schritten im Zimmer auf und ab und sprach leise vor sich hin, was er schreiben wollte ... Oft machten wir Ausflüge in die Umgebung Münchens, meist in entlegene Orte, wo es weniger Menschen gab. Nach einem Monat bezogen wir eine eigene Wohnung in einem der zahlreichen großen Neubauten in der Münchner Vorstadt Schwabing, schafften uns »Mobiliar« an (das wir bei der Abreise für insgesamt zwölf Mark wieder verkauften) und lebten wieder auf unsere Art.

*Nadeschda Konstantinovna Krupskaja, Lenins Frau, über die Zeit in München, 1901/1902*

*Wladimir Iljitsch Lenin*

*Russischer Staatsmann*
*1870 bis 1924*

Schwabing war eine geistige Insel in der großen Welt, in Deutschland, meistens in München selbst. Dort lebte ich lange Jahre. Dort habe ich das erste abstrakte Bild gemalt. Dort trug ich mich mit Gedanken über »reine« Malerei, reine Kunst herum. Ich suchte »analytisch« vorzugehen, synthetische Zusammenhänge zu entdecken, träumte von der kommenden »großen Synthese«, fühlte mich gezwungen, meine Gedanken nicht nur der mich umgebenden Insel, sondern den Menschen außerhalb dieser Insel mitzuteilen. Ich hielt sie für befruchtend und notwendig. So entstand von selbst aus meinen flüchtigen Notizen »pro domo sua« mein erstes Buch ›Über das Geistige in der Kunst‹.

*Wassily Kandinsky in einem Brief an Paul Westheim, 1930*

Malschule Anton Azbe, um 1900.

Der Fotograf
Frank Eugene Smith
als Maler.
Selbstportrait mit
Palette, 1896.

Heute - nach so vielen Jahren - hat sich die geistige Atmosphäre in dem so schönen und trotz allem doch lieben München grundsätzlich verändert. Das damals so laute und unruhige Schwabing ist still geworden ... Das etwas komische, ziemlich exzentrische und selbstbewusste Schwabing, in dessen Straßen ein Mensch - sei es ein Mann oder eine Frau - ohne Palette, oder ohne Leinwand, oder mindestens ohne eine Mappe sofort auffiel wie ein Fremder in einem Nest. Alles malte - oder dichtete, oder musizierte, oder fing zu tanzen an. In jedem Haus fand man unter dem Dach mindestens zwei Ateliers, wo manchmal nicht gerade viel gemalt wurde, aber stets viel diskutiert, disputiert, philosophiert und tüchtig getrunken (was mehr vom Beutel als vom Moralzustand abhängig war).

*Wassily Kandinsky, ›Rückblick‹, 1931*

Im Bildhaueratelier, 1950er Jahre.

Schwabings Stunde heißt Illusion. Dieser Stadtteil hat die Weite, die Dehnbarkeit eines Kontinents. Er war lange die ästhetische Experimentierstation der Kulturstadt München. Die wundersame Wahlheimat aller hergereisten Spleene; gastliche Freistatt für alle Außenseiter der Bürgerlichkeit. Ein Babelturm, der in den Himmel wachsen möchte. Da sprach jeder die Sprache seines kostbaren Ich. Jeder konnte da Meister werden in irgendeinem Kreis von Jüngern; konnte stolz mit diesem Knappentross die Leopoldstraße hinunterwandeln. Bis ans Siegestor glaubte man ihm seine Bedeutung. Da gingen gemessenen Schrittes die »Ästhetischen«, dort kamen mit interessanter Blässe die »Erotischen« daher. Sie liebten einander nicht. Fremde, feindliche Nomadenstämme im gleichen Schlaraffenland der Einbildung.

*René Prévot, ›Seliger Zweiklang. Schwabing Montmartre‹, 1948*

Russen in Schwabing, 1950er Jahre.

Auf einem dieser Schwabinger Feste lernte ich eine Münchener Dame kennen: Sie sprach Dialekt, begleitete mich gegen Morgen zu meinem Quartier im Englischen Garten und begann dort in der Frühdämmerung, bevor sie sich zur Ruhe begab, so hausfraulich zu werkeln, dass ich vor Verblüffung den Mund nicht zubekam; sie bürstete meine Anzüge aus und hängte sie ordentlich auf, sie rieb mit einem Lederlappen meine Schuhe ab, sie wischte den Staub von den Möbeln, dann zog sie sich bedächtig aus, legte alle Kleidungsstücke zusammen, flocht sich schließlich das Haar und wickelte die Stirnlocken auf Papierschnipsel. Hierauf legte sie sich auf das allernatürlichste, mit der Freundlichkeit einer Hausherrin, die sich endlich dem Gast widmen kann, ins Bett. Ich beobachtete sie unruhig … Ich wunderte mich unaufhörlich. Die Welt war eben doch anders, als ich sie bislang aus der Literatur kannte.

*Sándor Márai, ›Bekenntnisse eines Bürgers‹, 1951*

Ich machte einen Spaziergang – den letzten – im Englischen Garten … Dann stieg ich den Monopteros hinan und übersah noch einmal den großen Garten und die Stadt. Ich habe dort gebetet, um Segen für München, das mich in seinem Schoß so freundlich aufnahm, und um Segen für mich selbst.

*Friedrich Hebbel, ›Tagebücher‹, 10. März 1839*

Mit einem Stöckchen in der Hand und einer Mütze auf dem Kopf spazierte ich im Englischen Garten und besuchte Wedekind, den mein karierter Anzug interessierte. Derselbe kostete dreißig Franken. Heute sind Kleidungsstücke wesentlich teurer. Ich lobte meinerseits Wedekinds grünen Schreibtisch. Der Dichter von ›Frühlings Erwachen‹ bot mir mit feinem Lächeln Zigaretten an.

*Robert Walser, ›München‹, um 1921*

Samstag, 13. Juli 1935

Aß zu Abend und wanderte durch den Englischen Garten. Ich kann mir keinen angenehmeren Samstagabend-Zeitvertreib vorstellen, als am Chinesischen Turm zu sitzen, Bier zu trinken und der Kapelle zu lauschen.

*Gordon A. Craig, ›Tagebuchblätter‹, München 1935*

Schwabing ist auferstanden, nicht aber seine mit Klatsch, Amouren und Intrigen gewürzte Beschaulichkeit. Klatsch, Amouren und Intrigen gibt es zwar ebenfalls wieder, aber sie spielen vor einem anderen Hintergrund, die Salons und Stammtische sind zwar noch da, aber sie wirken eher historisch, man pflegt sie aus Pietät gegenüber den Gesellschaftsformen der Vergangenheit: Der Ort, wo sich die Münchner Literaten heute treffen, ist die Party. Partys werden immer, überall und von allen Leuten veranstaltet. Sogar der ärmste Lyriker hält es für seine Schuldigkeit, fünfzig Mitliteraten in sein winziges Apartment zusammenzudrängen, sie mit billigem Rotwein zu tränken, nur schon, damit sie seiner Theorie über die Motorik der Sprache, die er schon zum hundertsten Male entwickelt und die, zu seiner Verzweiflung, trotzdem niemand versteht, nicht entrinnen können. Sie entrinnen dennoch, indem sie einfach alle selber reden, wild durcheinander, am Boden sitzend, lachend, trinkend, rauchend. ...
Zuweilen geht Schwabing in sich, erkennt die Eitelkeit seines Rummels, ja, die Literaten fühlen sich verpflichtet, ihre kritische Distanz zur nächsten Umgebung kundzutun, dann heißt es etwa plötzlich auf allen Partys, an allen Stammtischen: Schwabing ist tot, hier gibt es nur noch Winkelliteraten, wer auf sich hält, geht nach Berlin ... Wer nicht seine Absicht kundtut, gleichfalls baldigst nach Berlin zu ziehen (dort ist etwas los, dort stehen wir im Winde der Geschichte), der wird scheel angesehen und des Spießertums, ja des Konservativismus verdächtigt.
*Kuno Raeber, ›Literaten in München‹, 1966*

*Ingeborg Bachmann war ab Herbst 1957 ein Jahr lang als Dramaturgin beim Bayerischen Rundfunk in der Hörspielabteilung tätig.*

Am 1. Dezember ziehe ich in eine kleine Wohnung: Franz-Josef-Str. 9a, darauf freu ich mich schon, weil dann endlich dieses monatelange Aus-dem-Koffer-Leben ein Ende hat. Die Stelle, die ich bekommen habe, ist ganz angenehm, vor allem, weil ich mit dem Betrieb gar nichts zu tun habe, alles zu Hause mache und daher einen Rest von Unabhängigkeit behalte. München hingegen - darüber möchte ich mich lieber nicht äußern, so hinterwäldlerisch kommt es mir vor und auch hässlich, und wenn mir noch was dran läge, mir irgendwie vorzukommen, käm' ich mir noch einsamer vor als in Paris oder Genua.
*Ingeborg Bachmann, Brief von 1957*

Straße in Schwabing, um 1950.

Schwabing besitzt zweierlei Lokale: solche, die stimmungslos sind, weil zu wenig Leute drin sitzen, und solche, die stimmungslos sind, weil zu viel Leute drin sitzen. Glücklicherweise merken das diese Leute nicht, wodurch Schwabing seinen Ruf als Vergnügungszentrum Münchens unangefochten behauptet. Die Lokale, die sich wie eine Volksküche der anderen gleichen, erwecken immer den Eindruck, als fände gerade ein Gschnasfest darin statt, das 1948 begonnen hat und aus Versehen noch nicht zu Ende ist. Wesentlich unterscheidet sich von ihnen nur das »Schwabinger Künstlerzelt«, in dem außer Bier Bilder der verschiedensten Stilarten feilgeboten werden und wo ein Humorist in bayerischer Tracht zu den Klängen eines Blasorchesters seine Anwesenheit mit dem beifallumrauschten Refrain begründet: »Weil ich so ein Rindviech bin.«

*Helmut Qualtinger, Der ›800-Jahr-Markt‹, 1958*

Künstler-Vereinigungen und Stammtische, 1950er Jahre.

# Dank

Herzlich bedanken möchte ich mich bei allen, die zum Gelingen des Buches beigetragen haben. Das sind insbesondere Elisabeth Angermair/Stadtarchiv München; Peter Becher/Adalbert Stifter Verein München; Bourhane Bouhabel; Birgit Dammert/ Britisches Generalkonsulat München; Anne-Marie De Jonghe/Vlamingen in de Wereld München; Lutz Dietrich/Literaturhaus Berlin; Jozo Dzambo/Adalbert Stifter Verein München; Jutta Fleckenstein/Jüdisches Museum München; Claudia Geyer/G2 Werbeidee; Gabriele Förg/Bayerischer Rundfunk; Christine Hannig/Monacensia; Dr. Andreas Heusler/Stadtarchiv München; Astrid H. Holzamer/Botschaft von Kanada; Franz R. Hunkeler/Schweizerisches Generalkonsulat München; Valery Hrtankova; Corinna Jäger-Trees/Schweizerisches Literaturarchiv Bern; Helga Jesberger/dtv; Konstantinos Karachalios/Stiftung Palladion; Matthias Klein; Katharina Kuhlmann; Dorothee Lemser/Monacensia; Dr. Zsolt K. Lengyel UIM/MMI Igazgato München; Tatjana Lukina/ MIR e.V. Zentrum Russischer Kultur in München; Rosemie Mailänder/dtv; Professor Marie Elisa Mitsou/Universität München; Kerstin Möller/Kulturreferat München; Sabina Moser; Matthias Bertolt Müller; Dr. Mark Nixon/Dublin; Verena Nolte; Literaturhäuser; Ellen Presser/Israelitische Kultusgemeinde München und Oberbayern; Marjana Prvinsek Bokal/Generalkonsulat der Republik Slowenien; Sabine Rinberger/ Valentin-Karlstadt-Musäum München; Dr. Martin Rohmer/Kulturreferat München; Vladimir Savranov/Monacensia; Marie Christine Schmidt; Frank Schmitter/ Monacensia; Sylvia Schütz/Monacensia; Ulrike Seeberger; Dr. Vicente Serrano Marin/ Instituto Cervantes; Karin Sommer/Kulturreferat; Olivera Stavcevic/ Generalkonsulat der Republik Serbien; Dr. Grazyna Strzelecka/Generalkonsulat der Republik Polen; Vera Szolnoki/Ungarisches Generalkonsulat; Dr. Wolfgang Till/Münchner Stadtmuseum; Ulrike Voswinckel; Sebastian Winkler; Dr. Andrea Wörle/dtv; Christiane Wyrwa.
Mein besonderer Dank gilt meinem Lektor Olaf Benzinger für die schöne und konstruktive Zusammenarbeit.

# Bildlegenden

**Prolog – München von außen**
S. 6: Philip Apian, Landkarte Bayerns, 1568

**Ankommen – Der erste Blick**

S. 10 Die St. Michaelskirche und das Jesuitenkolleg, 1829
S. 12 links: München von der Ostseite am Isarufer, 18. Jh.
S. 12 rechts: Karlsplatz (Stachus) um 1900
S. 13 links: Landeanflug auf den Flugplatz Oberwiesenfeld, 1935
S. 13 rechts: Maxburg, 17. Jh.
S. 14 links :Hauptbahnhof München, um 1900
S. 14 rechts: Der erst später Marienplatz genannte Schrannenplatz, 1835
S. 15 links: Marienplatz, um 1890
S. 15 rechts: Blaskapelle bei einer Flugzeugschau

**Übernachten – Hotels, Gasthäuser, Pensionen**

S. 32 Hotel Vierjahreszeiten, 1903
S. 34 links: Kaufinger Straße, um 1760
S. 34 rechts: Hotelwerbung, 1905
S. 35 links: Hotelwerbung, 1905
S. 35 rechts: Vorstadtarmut, um 1900
S. 36 links: Hotelwerbung, 1900
S. 36 rechts: Beim Wirt, 1837
S. 37 links: Wirtshaus in der Vorstadt, Mitte 19. Jh.
S. 37 rechts: Hotelwerbung, 1905

**Auf der Straße – Von der Gasse zum Boulevard**

S. 50 Straßenszene in den fünfziger Jahren
S. 52 links: Eingang in die untere Fleischbank, um 1870
S. 52 rechts: Münchner Wirtsgarten, 1841
S. 53 links: Städtischer Triebwagen 564, Baujahr 1925-26
S. 53 rechts: Obstverkäufer am Viktualienmarkt, um 1910
S. 54 links: Auf dem Viktualienmarkt, um 1910
S. 54 rechts: Städtischer Omnibus Mercedes, Baujahr 1934
S. 55 links: Franziskaner-Kloster, 14. Jh.
S. 55 rechts: Wildschützenkapelle München, Gastspiel in Frankfurt, August 1924

**Straßenkämpfe – Hauptstadt vieler Bewegungen**

S. 70 Vor den Trümmern der Josephskirche, 1945
S. 72 links: Freicorps Werdenfels in München, Mai 1919
S. 72 rechts: Hauptbahnhof. Demontage der Gleishalle, 1945
S. 73 links: Hitlerputsch an der Feldherrnhalle, 9. November 1923
S. 73 rechts: Adolf Hitler und andere Nazi-Größen prosten sich zu
S. 74 links: Ludwigstraße als Paradestraße, um 1870
S. 74 rechts: SS-Posten am Mahnmal für die »Gefallenen« von 1923
S. 75 links: Blick auf das zerstörte München, 1945
S. 75 rechts: Flüchtlingsfrau mit ihrer Habe, 1946/47

**Residenzstadt – Adelige und Bürger**

S. 86 Der westliche Hofgarten mit einem der Gartencafés, 1959
S. 88 links: Theatinerkirche mit altem Schwabinger Turm von Nordwesten, 1814
S. 88 rechts: Blick auf Hofgarten und Residenz vom Norden, 1701
S. 89 links: Außenansicht der Glyptothek von Südosten, um 1835
S. 89 rechts: Königliche Akademie der Künste, um 1890
S. 90 links: Der Glaspalast am Alten Botanischen Garten, 1854
S. 90 rechts: Hochzeit im Neudecker Garten, um 1730
S. 91 links: Am Apollotempel im Nymphenburger Park, 1785
S. 91 rechts: Vor dem Prinz-Carl-Palais, um 1830

**Kulturstadt - Vom Erblühen der Künste**

S. 110 Galerie Seidenader, um 1900
S. 112 links: Zuschauerraum des Cuvillié-Theaters vor der Zerstörung
S. 112 rechts: Kaffeehausmusiker, 50er Jahre
S. 113 links: Alte Pinakothek, um 1930
S. 113 rechts: Opernhaus am Salvatorplatz, Zuschauerraum, 18. Jh.
S. 114 links: Kurfürst Max Joseph und Gefolge bei einer musikalischen Unterhaltung
S. 114 rechts: Wohnraum in der Villa von Friedrich August von Kaulbach, 1887
S. 115 links: Münchner Künstlerwelt um die Jahrhundertwende
S. 115 rechts: Beschauliches Wohnen in den 1920er Jahren

**Lebensgefühle - Rechts und links der Isar**

S. 134 Blick von der Au auf das Deutsche Museum, um 1930
S. 136 links: Tanzszene rechts der Isar, 18. Jh.
S. 136 rechts: An der Tankstelle, 1950er Jahre
S. 137 links: Schrannenplatz, später Marienplatz, Mitte 18. Jh.
S. 137 rechts: Am Kiosk, 1950er Jahre
S. 138 links: Tankstelle, 1960

S. 138 rechts: Im Kaffeehaus, 1930
S. 139 links: Fassade zur Maximillian- und Stollbergstraße, 1960er Jahre
S. 139 rechts: Erste Mietshäuser an der Tengstraße mit Blick durch die Georgenstraße

**Begegnungen – Münchner Kaffeehaustradition**

S. 158 Gasthof Goldenes Lamm, um 1880
S. 160 links: Café Prinzregent, Prinzregentenstraße 4, 1893
S. 160 rechts: Löwenbräukeller, Festsaal, Nymphenburger Straße 2, 1897
S. 161 links: Pschorr-Bierhallen, Neuhauser Straße 11, um 1890
S. 161 rechts: Café Prinzregent, Prinzregentenstraße 4, um 1890
S. 162 links: Café-Restaurant Viktoria, um 1900
S. 162 rechts: Café Fink, Löwengrube 1, um 1860
S. 163 links: Café Fürstenhof, Neuhauser Straße, 1925
S. 163 rechts: Café Probst, Neuhauser Straße 40-44, 1856

**Lebenselixier – Die Stadt des Bieres**

S. 176 Kellnerinnen beim Krugwaschen, um 1900
S. 178 links: Giesinger Weinbauer, um 1880
S. 178 rechts: Im Weißen Bräuhaus, um 1905
S. 179 links: Gastwirtsgarten in der Vorstadt, um 1920
S. 179 rechts: Radlwirt, um 1900
S. 180 links: Café Greif, um 1890
S. 180 rechts: Schnappschüsse vom »Bayerischen Abend« im Hofbräuhaus, 1980er Jahre
S. 181 links: Neues Hofbräuhaus, Saal und Schwemme, um 1935
S. 181 rechts: Regina Palast-Hotel, um 1920

**Oktoberfest – von Löwenmenschen und Wiesenbräuten**

S. 196 Riesenrad »Russische Schaukel«, 1907
S. 198 links: Festwiese, 1901
S. 198 rechts: »Die dicke Elvira«, das Eingangstor zu Carl Gabriels Abnormitäten, 1923
S. 199 links: Eingang zum Wagnerbräu-Festzelt, um 1900
S. 199 rechts: Preisverleihung vor dem Königszelt, 1897
S. 200 links: Elektro-Grotten-Bahn von H. Haase, 1903
S. 200 rechts: Die Wiesn-Wache, um 1910
S. 201 links: Preisverleihung vor dem Königszelt, 1897
S. 202 rechts: Achterbahn »Amerikanische Figur 8 Bahn«, 1910

## Vergnügungen – Fasching, Feten, Varieté

S. 214 Faschingstreiben, 1920er Jahre
S. 216 links: Der Dichter und Conferencier Fred Endrikat, 1932
S. 216 rechts: Maskenzug Motto »Ein Tag unter Kanibalen«, 1897
S. 217 links: Maskenzug Motto »Medizinmann«, 1897
S. 217 rechts: Bauernkirchweih, um 1910
S. 218 links: Maskenzug Motto »Münchner Kunstfabrikation«, 1897
S. 218 rechts: Fasching in den 1950er Jahren
S. 219 links: Ödön von Horváth mit Freunden im Fasching, 1928
S. 219 rechts: Maskenzug Motto »Nordpolfahrt«, 1897
S. 226: Peter Kreuder mit den Tillergirls, 1921

## Das Weltdorf – Schwabinger Einblicke

S. 234 Vor den Occam-Lichtspielen, um 1960
S. 236 links: Innenhof des Eckhauses an der Kaulbachstraße 63, wo zeitweise Franziska zu Reventlow mit Bogdan von Suchocki und Franz Hessel lebte
S. 236 rechts: »Schwabinger Heuboden« in der Feilitzschstraße, 1968
S. 237 links: Das Werneck-Denkmal am Kleinhesseloher See, um 1980
S. 237 rechts: Feilitzschstraße bei Nacht
S. 238 links: Biergarten am Chinesischen Turm
S. 238 rechts: Der Lyriker Rainer Maria Rilke, um 1910
S. 239 links: Arbeitersiedlung »Sackzipfel« an der Kunigundenstraße, 1906
S. 239 rechts: Pappelallee an der Leopoldstraße, um 1960

# Quellennachweise

Seite 7: Tagebucheintrag von Franziska zu Reventlow. 26. Juni 1901. In: Franziska Gräfin zu Reventlow. Tagebücher 1895-1910. Frankfurt a. Main. S. 192.

## Ankommen – Der erste Blick

Seite 11: Wolfgang Amadeus Mozart: Briefe. Auswahl und Nachwort von Horst Wandrey. Zürich 1988. S. 237.

Seite 16: Michel de Montaigne: Tagebuch einer Reise durch Italien, die Schweiz und Deutschland in den Jahren 1580 und 1581. Hg. v. Otto Flake. Frankfurt a. Main 1988. S. 70/71.

Seite 17: Charles de Montesquieu: Voyages de Montesquieu publiés par le Baron Albert de Montesquieu. Bd. 2. Bordeaux 1896. S. 140–148. Zit. n. Hans-Rüdiger Schwab (Hg.): München. Dichter sehen eine Stadt. Stuttgart 1990. S. 20-22.

Seite 18: Orlando di Lasso an Herzog Wilhelm in Landshut. Nr. 1. Zit. n.: Horst Leuchtmann: Orlando di Lasso. Briefe. Wiesbaden 1977. S. 37.

Seite 19: Casanova, Giacomo Chevlier de Seingalt: Geschichte meines Lebens. Hg. v. Günter und Barbara Albrecht. Bd. 5. München 1985. S. 18-20.

Seite 20: Wolfgang Amadeus Mozart: Briefe. Auswahl und Nachwort von Horst Wandrey. Zürich 1988. S. 237.

Seite 21: Gottfried Keller an seine Mutter. Zit. n. Wilhelm Zentner (Hg.): Gastfreundliches München. Das Antlitz einer Stadt im Spiegel ihrer Gäste. München 1947. S. 163/164.

Seite 22: Edward Elgar: Letters of Edward Elgar and other Writings. Hg. v. Percy M. Young. London 1956. S. 56/57.

Seite 23: Hans Christian Andersen: Tagebücher. Hg. v. Heinz Barüske. Bd. 1. Frankfurt a. Main 1980. S. 232-239.

Seite 24: Antonios Sigalas. Zit. n.: Anton Mayer-Pfannholz: Deutsches Alpenland. Ein Heimatbuch. Leipzig 1937. S. 137/138.

Seite 25: Franz Kafka: Reisetagebücher in der Fassung der Handschrift. Hg. v. Max Brod. In: Alfons Schweiggert: Franz Kafka in München. Zwischen Leuchten und Finsternis. München 2007. S. 36/37.

Seite 26: David Herbert Lawrence: Mr. Noon. Zürich 1985. S. 141/143.

Seite 27: Scott Fitzgerald: Show Mr and Mrs F to Number. In: La Felmee. Paris 1934.

Seite 28: Miki Sakamoto: Münchner Freiheit. Fernöstliche Blicke auf die Weltstadt mit Herz. München 2007. S. 9.

Seite 29: Jonathan Franzen: Die Unruhezone. Eine Geschichte von mir. Rowohlt, Reinbek 2007. S. 171.

Seite 30: John Le Carré: Absolute Freunde. Ullstein Buch-Verlage, Berlin 2005. S. 384.

Seite 31: Imre Kertész: Ich - ein anderer. Berlin 1998.

## Übernachten – Hotels, Gasthäuser, Pensionen

Seite 33: Franz Kafka: Tagebücher 1910–1923. In: Franz Kafka: Gesammelte Werke. Hg. v. Max Brod. Frankfurt a. Main 1983. S. 51.
Seite 38: Michel de Montaigne: Tagebuch einer Reise durch Italien, die Schweiz und Deutschland in den Jahren 1580 und 1581. Hg. v. Otto Flake. Frankfurt a. Main 1988. S. 70/71.
Seite 39: Gérard de Nerval: Auf Sand gebaut. Münchner Eindrücke eines Franzosen im 19. Jahrhundert. In: Süddeutsche Zeitung. 20./21. Mai 1972. S. 128.
Seite 40: Wolfgang Amadeus Mozart: Briefe. Zürich 1988. S. 231/233.
Seite 40: Hans Christian Andersen: Das Märchen meines Lebens. Zit. n.: Hanns Arens: München im Märchen eines Lebens. Zum 100. Geburtstag. 4. August 1975. S. 3.
Seite 41: Johann Wolfgang von Goethe: Italienische Reise. In: Johann Wolfgang von Goethe. Werke in zehn Bänden. Bd. 10. Zürich, S. 10/11.
Seite 42: Franz Kafka: Tagebücher 1910–1923. In: Franz Kafka: Gesammelte Werke. Hg. v. Max Brod. Frankfurt a. Main 1983. S. 50.
Seite 43: David Herbert Lawrence: Mr. Noon. Zürich 1985. S. 284.
Seite 44: Gustav Mahler an Alma Mahler-Werfel. 21. Oktober 1908. In: Wolfgang Johannes Bekh: Gustav Mahler oder die letzten Dinge. Die Biographie. Wien 2005. S. 378.
Seite 45: Gustav Mahler an Alma Mahler-Werfel. 5. September 1910. In: Wolfgang Johannes Bekh: Gustav Mahler oder die letzten Dinge. Die Biographie. Wien 2005. S. 436.
Seite 46: Rainer Maria Rilke an Marie von Thurn und Taxis-Hohenlohe. 23. Dezember 1917. In: Rainer Maria Rilke: Briefe in zwei Bänden. Erster Band 1896 bis 1919. Hg. v. Horst Nalewski. Frankfurt a. Main 1991. S. 654/655.
Seite 46/47: Rainer Maria Rilke an Marie von Thurn und Taxis-Hohenlohe. 30. März 1918. In: Rainer Maria Rilke: Briefe in zwei Bänden. Erster Band 1896 bis 1919. Hg. v. Horst Nalewski. Frankfurt a. Main. S. 671/672.
Seite 48: René Prévot: Kleiner Schwarm für Schwabylon. München 1954. S. 98.
Seite 49: Godfried Bomans: Ich liebe meinen Gartenzwerg. München 1949. S. 79.

## Auf der Straße – Von der Gasse zum Boulevard

Seite 51: Fjodor Iwanowitsch Tjutschew. In: Arkadij Polonskij: Hier lebte Tjutschew… Ein russischer Dichter in München. Hg. v. MIR e.V. Bayerisches Zentrum russischer Kultur in München. Aus dem Russischen von Sylvia Schütz. München 2003. S. 188.
Seite 56: Jean Giraudoux: Wiedersehen mit München (1920). In: Wilhelm Zentner (Hg.): Gastfreundliches München. Das Antlitz einer Stadt im Spiegel ihrer Gäste. München 1947. S. 38/239.
Seite 57: Wassily Kandinsky: Rückblick. Baden-Baden 1955. S. 10.
Seite 58: Fjodor Iwanowitsch Tjutschew. In: Arkadij Polonskij: Hier lebte Tjutschew... Ein russischer Dichter in München. Hg. v. MIR e.V. Bayerisches Zentrum russischer Kultur in München. München 2003. S. 189/190.
Seite 59: Bedrich Smetana. In: Wilhelm Zentner (Hg.): Gastfreundliches München. Das Antlitz einer Stadt im Spiegel ihrer Gäste. München 1947. S. 154/155.

Seite 60: Jan Neruda: Die Hunde von Konstantinopel. Reisebilder. Hg. v. Christa Rothmeier. München 2007. S. 8.

Seite 60: Friedrich Nicolai: Beschreibung einer Reise durch Deutschland und die Schweiz im Jahre 1781. Nebst Bemerkungen über Gelehrsamkeit, Industrie, Religion und Sitten. Bd. 6. Berlin, Stettin 1785. S. 552/553.

Seite 61: Anti-Tissot: München und die Münchener. Eine Beleuchtung der bayerischen, insbesondere Münchener Zustände. München 1876. S. 5/6.

Seite 62: Aus dem Reisetagebuch des Charles Burney. (Robert Münster: Münchener Notizen 1772). In: Bayrischer Rundfunk. Redaktion: Hörbild/Inland. Erstsendung: 17. März 1963. S. 14.

Seite 63: Anti-Tissot: München und die Münchener. Eine Beleuchtung der bayerischen, insbesondere Münchener Zustände. München 1876. S. 5/6.

Seite 64: Zacharias Papantoniou: Otto und die romantische Dynastie. Aus dem Griechischen von Sabina Moser. Athen 1934. S. 124.

Seite 65: Jan Neruda: Die Hunde von Konstantinopel. Reisebilder. Hg. v. Christa Rothmeier. München 2007. S. 10.

Seite 66: Jan Neruda: Die Hunde von Konstantinopel. Reisebilder. Hg. v. Christa Rothmeier. München 2007. S. 11.

Seite 67: Jean Giraudoux: Siegfried oder Die zwei Leben des Jacques Forestier. Berlin, Frankfurt a. Main, Wien 1962. S. 69.

Seite 68: Miki Sakamoto: Münchner Freiheit. Fernöstliche Blicke auf die Weltstadt mit Herz. München 2007. S. 36/37.

Seite 69: Helmut Qualtinger: Helmut Qualtingers beste Satiren. Vom Travnicek zum Herrn Karl. Mit Texten von Gerhard Bronner, Carl Merz und Helmut Qualtinger. Hg. v. Brigitte Erbacher. Verlag Preiser, Otto G. & Co., München, Wien 1973. S. 142/143.

**Straßenkämpfe – Hauptstadt vieler Bewegungen**

Seite 71: Sándor Márai: Bekenntnisse eines Bürgers. Piper-Verlag, Zürich, München 2000. S. 236.

Seite 76: Izidor Krsnjavi: Die Münchner Ereignisse. In: Die Drau. Unabhängiges Tagblatt. Organ für Politik und Volkswirtschaft. Nr. 260. Osijek 1923.

Seite 77: Patrick Leigh Fermor: Die Zeit der Gaben. Zu Fuß nach Konstantinopel: Von Hoek van Holland an die mittlere Donau. Der Reise erster Teil. Zürich 2005. S. 137.

Seite 78: Rainer Maria Rilke: Briefe in zwei Bänden. Erster Band 1896 bis 1919. Hg. v. Horst Nalewski. Frankfurt a. Main. S. 685.

Seite 79: Joachim W. Storck (Hg.): Rainer Maria Rilke. Briefe zur Politik. Frankfurt a. Main, Leipzig 1992. S. 226.

Seite 80: Sándor Márai: Bekenntnisse eines Bürgers. Piper-Verlag, Zürich, München 2000. S. 236.

Seite 81: Peter Claus Hartmann: Der Hitlerputsch (1923) im Urteil der französischen Gesandtschafts- und Botschaftsberichte. In: FRANCIA. Forschungen zur westeuropäischen Geschichte. Hg. v. Deutschen Historischen Institut Paris. Bd. 5. München 1978. S. 453-472.

Seite 81: Zit. n. Zitiert nach Peter Claus Hartmann: Der Hitlerputsch, 1923. In: Ernst Deuerlein: Der Aufstieg der NSDAP 1919–1933 in Augenzeugenberichten. Berlin 1968. S. 202.
Seite 81: Helmut Qualtinger: Helmut Qualtingers beste Satiren. Vom Travnicek zum Herrn Karl. Mit Texten von Gerhard Bronner, Carl Merz und Helmut Qualtinger. Hg. v. Brigitte Erbacher. München, Wien 1973. S. 142/143.
Seite 82/83: Dan Diner: Erinnerungsort München. Spuren der Zeitschichten. Aus dem Vortrag zur Eröffnung des Jüdischen Museums. In: Süddeutsche Zeitung. Nr. 69. 23. März 2007. S. 15.
Seite 84: Yissakhar Ben-Yaacov: Leben für Israel. Erinnerungen eines Diplomaten. Hoffmann und Campe, Hamburg 2007. S. 69/70.
Seite 85: Max Frisch: Tagebuch 1946-1949. Suhrkamp Verlag, Frankfurt a. Main 1950. S. 30/31.

**Residenzstadt – Adelige und Bürger**

Seite 87: T.S. Eliot: The Waste Land. 1922. In: T.S. Eliot: Collected Poems 1909-1962. London, Boston 1963. S. 63.
Seite 92: Orlando di Lasso an den Hof-Futtermeister am Hof von Herzog Wilhelm. Nr. 46. In: Horst Leuchtmann: Orlando di Lasso. Briefe. Wiesbaden 1977. S. 229.
Seite 93: Gérard de Nerval: Auf Sand gebaut. Münchner Eindrücke eines Franzosen im 19. Jahrhundert. In: Süddeutsche Zeitung. 20./21. Mai 1972. S. 128.
Seite 94: Philip Francis: Eintragungen im Reisetagebuch. In: Jeremy Black und Alois Schmid: München im Jahre 1772. Aus dem Reisetagebuch des englischen Diplomaten Philip Francis. S. 84/85.
Seite 95: Aus dem Reisetagebuch des Charles Burney. (Robert Münster: Münchener Notizen 1772). In: Bayrischer Rundfunk. Redaktion: Hörbild/Inland. Erstsendung: 17. März 1963. S. 6.
Seite 96: Philip Francis: Eintragungen im Reisetagebuch. In: Jeremy Black und Alois Schmid: München im Jahre 1772. Aus dem Reisetagebuch des englischen Diplomaten Philip Francis. S. 84/85.
Seite 97: Charles de Montesquieu: Voyages de Montesquieu publiés par le Baron Albert de Montesquieu. Bd. 2. Bordeaux 1896. S. 140–148. In: Hans-Rüdiger Schwab (Hg.): München. Dichter sehen eine Stadt. Stuttgart 1990. S. 20-22.
Seite 98: Aus dem Reisetagebuch des Charles Burney. (Robert Münster: Münchener Notizen 1772). In: Bayrischer Rundfunk. Redaktion: Hörbild/Inland. Erstsendung: 17. März 1963. S. 4.
Seite 99: Gottfried Keller: Der grüne Heinrich. Bd. 1. Erlenbach-Zürich, München 1926. S. 60-63.
Seite 100: George Eliot. In: Ursula Naumann: »Das launischste Wetter und Professoren aller Art«. Die englische Schriftstellerin George Eliot und ihre Münchner Zeit. In: Bayrischer Rundfunk. Redaktion: Land und Leute. Erstsendung: 9. Juni 1991. S. 13.
Seite 101: Alphonse Daudet. In: Erna Buschow: Alphonse Daudet in München. In: Bayrischer Rundfunk. Redaktion: Hörbild/Inland. Unbekanntes Bayern. Erstsendung: 17. Juni 1962. S. 12.

Seite 102: Jan Neruda: Die Hunde von Konstantinopel. Reisebilder. Hg. v. Christa Rothmeier. München 2007. S. 9.
Seite 103: Anti-Tissot: München und die Münchener. Eine Beleuchtung der bayerischen, insbesondere Münchener Zustände. München 1876. S. 5/6.
Seite 104: Antonios Sigalas. In: Anton Mayer-Pfannholz: Deutsches Alpenland. Ein Heimatbuch. Leipzig 1937. S. 241.
Seite 105: Jan Neruda: Die Hunde von Konstantinopel. Reisebilder. Hg. v. Christa Rothmeier. München 2007. S. 8.
Seite 106: Gérard de Nerval: Auf Sand gebaut. Münchner Eindrücke eines Franzosen im 19. Jahrhundert. In: Süddeutsche Zeitung. 20./21. Mai 1972. S. 128.
Seite 107: Antonios Sigalas. In: Anton Mayer-Pfannholz: Deutsches Alpenland. Ein Heimatbuch. Leipzig 1937. S. 241/242.
Seite 107: Patrick Leigh Fermor: Die Zeit der Gaben. Zu Fuß nach Konstantinopel: Von Hoek van Holland an die mittlere Donau. Der Reise erster Teil. Zürich 2005. S. 137.
Seite 108: Jean Giraudoux: Siegfried oder Die zwei Leben des Jacques Forestier. Berlin, Frankfurt a. Main, Wien 1962. S. 98.
Seite 109: T.S. Eliot: The Waste Land. 1922. In: T.S. Eliot: Collected Poems 1909-1962. London, Boston 1963. S. 63.

**Kulturstadt – Vom Erblühen der Künste**

Seite 111: Heinrich Heine: Brief vom 1. April 1828. In: Hans-Rüdiger Schwab: München. Dichter sehen eine Stadt. Stuttgart 1990. S. 56.
Seite 116: Ignaz Franz Castelli. 1855. In: Wilhelm Zentner (Hg.): Gastfreundliches München. Das Antlitz einer Stadt im Spiegel ihrer Gäste. München 1947. S. 125.
Seite 116: Germaine de Staël: Über Deutschland, o.O. 1807.
Seite 117: Aus dem Reisetagebuch des Charles Burney. (Robert Münster: Münchener Notizen 1772). In: Bayrischer Rundfunk. Redaktion: Hörbild/Inland. Erstsendung: 17. März 1963. S. 13.
Seite 118: Aus dem Reisetagebuch des Charles Burney. (Robert Münster: Münchener Notizen 1772). In: Bayrischer Rundfunk. Redaktion: Hörbild/Inland. Erstsendung: 17. März 1963. S. 3.
Seite 119: Felix Mendelssohn Bartholdy an Johann Wolfgang von Goethe am 16. Juni 1830. In: Wilhelm Zentner (Hg.): Gastfreundliches München. Das Antlitz einer Stadt im Spiegel ihrer Gäste. München 1947. S. 63/64.
Seite 120: Niccolò Paganini in München. In: Aurora. Blätter für Kunst, Wissenschaft und geselliges Leben. Nr. 39. 22. November 1829. S. 164.
Seite 121: Bedrich Smetana an seine Frau. Brief vom 22. Juli 1870. In: Hans-Rüdiger Schwab (Hg.): München. Dichter sehen eine Stadt. Stuttgart 1990. S. 114.
Seite 122: Mark Twain: Bummel durch Deutschland. Mit 20 Bildern von Hans Traxler. München 2006. S. 86.
Seite 123: Per Daniel Amadeus Atterbom: Menschen und Städte. Begegnungen und Beobachtungen eines schwedischen Dichters in Deutschland, Italien und Österreich 1817-1819. Hg. v. Christel Matthias Schröder. Hamburg 1947. S. 135/136.
Seite 124: Rainer Maria Rilke an Lou Andreas-Salomé: Briefwechsel. Hg. v. Ernst Pfeiffer. Frankfurt a. Main 1975. S. 24.

Seite 125: Leonid Pasternak. In: Ekaterina Grabar: Russische Künstler im München der Jahrhundertwende. In: Russische Spuren in Bayern. Portraits, Geschichten und Erinnerungen. Hg. v. MIR e.V. Zentrum für russische Kultur in München. München 1997. S. 60.
Seite 126: Giorgio De Chirico. In: Die Presse. Prag, 19. April 1935.
Seite 127: Isadora Duncan: Mein Leben - meine Zeit. Wien 1981. S. 85.
Seite 128: Antonios Sigalas. In: Anton Mayer-Pfannholz: Deutsches Alpenland. Ein Heimatbuch. Leipzig 1937. S. 238.
Seite 129: Wassily Kandinsky: Rückblick (Mai 1913). Baden-Baden 1955. S. 10.
Seite 130: Le Corbusier. In: Karen Michels: Augen, die sehen. Le Corbusiers Beobachtungen in München. In: Jahrbuch des Zentralinstituts für Kunstgeschichte. Bd. 5/6. München 1990. S. 471-496.
Seite 130: Jonathan Franzen: Die Unruhezone. Eine Geschichte von mir. Reinbek 2007. S. 175.
Seite 131: Gérard de Nerval: Auf Sand gebaut. Münchner Eindrücke eines Franzosen im 19. Jahrhundert. In: Süddeutsche Zeitung. 20./21. Mai 1972. S. 128.
Seite 132: Julien Green: Statuen sprechen. Fotografien und Texte. Staatliche Antikensammlung und Glyptothek. Carl Hanser Verlag, München 1992.

**Lebensgefühle – Rechts und links der Isar**

Seite 135: Gottfried Keller: Gesammelte Werke. Sonnett in drei Zeilen. Bd. 13. Bern 1950. S. 348.
Seite 140: Hans Christian Andersen: Eines Dichters Bazar I. In: Anton Mayer-Pfannholz: Deutsches Alpenland. Ein Heimatbuch. Leipzig 1937. S. 196/197.
Seite 141: Zacharias Papantoniou: Otto und die romantische Dynastie. Aus dem Griechischen von Sabina Moser. Athen 1934. S. 95.
Seite 142: Anti-Tissot: München und die Münchener. Eine Beleuchtung der bayerischen, insbesondere Münchener Zustände. München 1876. S. 5.
Seite 142: Josip Kosor: Die Große Autobiographie. Zagreb 1928.
Seite 143: Friedrich Hebbel: Historische Schriften. Reiseeindrücke I. Berlin 1913. S. 377/378.
Seite 144: Per Daniel Amadeus Atterbom: Menschen und Städte. Begegnungen und Beobachtungen eines schwedischen Dichters in Deutschland, Italien und Österreich 1817–1819. Hg. v. Christel Matthias Schröder. Hamburg 1947. S. 106/107.
Seite 145: Igor Grabar. In: Ekaterina Grabar: Russische Künstler im München der Jahrhundertwende. In: Russische Spuren in Bayern. Portraits, Geschichten und Erinnerungen. Hg. v. MIR e.V. Zentrum für russische Kultur in München. München 1997. S. 67.
Seite 146: Henrik Ibsen an Helene Raff. 30. März 1892. In: Wilhelm Zentner (Hg.): Gastfreundliches München. Das Antlitz einer Stadt im Spiegel ihrer Gäste. München 1947. S. 166.
Seite 147: Jean Giraudoux: Wiedersehen mit München. In: Frithjof Kühn: Jean Giraudoux in München. In: Blätter des Bayerischen Staatsschauspiels. Heft 3. November/Dezember 1948. S. 39.

Seite 148: Franz Kafka an Gottfried Kölwel. Dezember 1916. In: Alfons Schweiggert: Franz Kafka in München. Zwischen Leuchten und Finsternis. München 2007. S. 65.
Seite 149: Ödön von Horváth: Charlotte. Roman einer Kellnerin. In: Ödön von Horváth: Himmelwärts und andere Prosa aus dem Nachlass. Hg. v. Klaus Kastberger. Frankfurt a. Main 2001. S. 25.
Seite 150: Helmut Qualtinger: Helmut Qualtingers beste Satiren. Vom Travnicek zum Herrn Karl. Mit Texten von Gerhard Bronner, Carl Merz und Helmut Qualtinger. Hg. v. Brigitte Erbacher. München, Wien 1973. S. 142/143.
Seite 151: Miki Sakamoto: Münchner Freiheit. Fernöstliche Blicke auf die Weltstadt mit Herz. München 2007. S. 23.
Seite 152: Ingmar Bergman: Mein Leben. In: Markus Metz und Georg Seeßlen: Die Erschöpfung des Exils. Ingmar Bergmans Münchner Jahre. In: Bayrischer Rundfunk. Redaktion: Radiokultur/Radiorepertoire. Erstsendung: 10. Dezember 2007. S. 29. Verlag Wewerka, Alexander, Berlin.
Seite 153: Miki Sakamoto: Münchner Freiheit. Fernöstliche Blicke auf die Weltstadt mit Herz. München 2007. S. 186.
Seite 153: Giorgio Manganelli: München, eine verrückte und künstliche Stadt. In: Konturen. Magazin für Sprache, Literatur und Landschaft. 1/1993. S. 54/5.
Seite 154: Ingmar Bergman: Mein Leben. In: Markus Metz und Georg Seeßlen: Die Erschöpfung des Exils. Ingmar Bergmans Münchner Jahre. In: Bayrischer Rundfunk. Redaktion: Radiokultur/Radiorepertoire. Erstsendung: 10. Dezember 2007. S. 27.
Seite 155: Samuel Beckett. In: Beckett in Bayern. 1937. In: Bayrischer Rundfunk. Redaktion: Hörspiel und Medienkunst. Erstsendung: 9. Dezember 2001.
Seite 155: Jan Neruda: Die Hunde von Konstantinopel. Reisebilder. Hg. v. Christa Rothmeier. München 2007. S. 7.
Seite 156: Max Frisch: München. April 1946. In: Max Frisch: Tagebuch 1946-1949. Frankfurt a. Main 1950. S. 41.
Seite 156: Slavko Batusic: Gesichter und Kehrseiten der deutschen Städte und Landschaften. In: Slavko Batusic: Durch westliche Länder und Städte, Zagreb 1932.

**Begegnungen – Münchner Kaffeehaustradition**

Seite 159: Gottfried Keller: Gesammelte Briefe in vier Bänden. Hg. v. Carl Helbling. Bd 1. Bern 1950. S. 18/19.
Seite 164: Christian Friedrich Daniel Schubart. In: Wilhelm Zentner (Hg.): Gastfreundliches München. Das Antlitz einer Stadt im Spiegel ihrer Gäste. München 1947. S. 27/28.
Seite 165: Jan Neruda: Die Hunde von Konstantinopel. Reisebilder. Hg. v. Christa Rothmeier. DVA/Random House, München 2007. S. 12.
Seite 165: Anti-Tissot: München und die Münchener. Eine Beleuchtung der bayerischen, insbesondere Münchener Zustände. München 1876. S. 6.
Seite 166: Felix Mendelssohn Bartholdy in einem Brief an seine Familie. 6. Oktober 1831. In: Wilhelm Zentner (Hg.): Gastfreundliches München. Das Antlitz einer Stadt im Spiegel ihrer Gäste. München 1947. S. 66.
Seite 167: Gérard de Nerval: Auf Sand gebaut. Münchner Eindrücke eines Franzosen im 19. Jahrhundert. In: Süddeutsche Zeitung. 20./21. Mai 1972. S. 128.

Seite 168: Mark Twain: Bummel durch Deutschland. Mit 20 Bildern von Hans Traxler. München 2006. S. 255/256.
Seite 169: Henrik Ibsen: Briefe. Hg. v. Julius Elias und Halvdan Koht. Berlin 1905. S. 256/257.
Seite 170: Rainer Maria Rilke: Werke in drei Bänden. Bd. 3. Frankfurt a. Main 1966. S. 109.
Seite 171: Jean Giraudoux: Wiedersehen mit München. Zit. n.: Wilhelm Zentner (Hg.): Gastfreundliches München. Das Antlitz einer Stadt im Spiegel ihrer Gäste. München 1947. S. 244.
Seite 172: Isadora Duncan: Mein Leben - meine Zeit. Wien 1981. S. 85/86.
Seite 173: René Prévot: Kleiner Schwarm für Schwabylon. München 1954. S. 139.
Seite 174/175: Ödön von Horváth: Sechsunddreißig Stunden. In: Ödön von Horváth: Der ewige Spießer. Frankfurt a. Main 1987. S. 107/108.
Seite 175: Gottfried Keller: Gesammelte Briefe in vier Bänden. Hg. v. Carl Helbling. Bd. 1. Bern 1950. S. 18/19.

**Lebenselixier – Die Stadt des Bieres**

Seite 177: Fürst Schtscherbatow an seinen Lehrer Pasternak. In: Ekaterina Grabar: Russische Künstler im München der Jahrhundertwende. In: Russische Spuren in Bayern. Portraits, Geschichten und Erinnerungen. Hg. v. MIR e.V. Zentrum für russische Kultur in München. München 1997. S. 60.
Seite 182: Katherine Mansfield: In einer deutschen Pension. Frankfurt a. Main 2006. S. 11/12.
Seite 183: Alphonse Daudet. Zit. n.: Erna Buschow: Alphonse Daudet in München. In: Bayrischer Rundfunk. Redaktion: Hörbild/Inland. Unbekanntes Bayern. Erstsendung: 17. Juni 1962. S. 9.
Seite 184: Friedrich Hebbel: Historische Schriften. Reiseeindrücke I. Berlin 1913. S. 412/413.
Seite 185: Patrick Leigh Fermor: Die Zeit der Gaben. Zu Fuß nach Konstantinopel: Von Hoek van Holland an die mittlere Donau. Der Reise erster Teil. Zürich 2005. S. 140.
Seite 186: Godfried Bomans: Ich liebe meinen Gartenzwerg. München 1949. S. 83.
Seite 187: Wladimir Solouchin. In: Sowjetische Eindrücke von Saulgau und München. In: Süddeutsche Zeitung. 23. Dezember 1963. S. 10.
Seite 188: Zacharias Papantoniou: Otto und die romantische Dynastie. Aus dem Griechischen von Sabina Moser. Athen 1934. S. 135/136.
Seite 189: Antonios Sigalas. Zit. n.: Anton Mayer-Pfannholz: Deutsches Alpenland. Ein Heimatbuch. Leipzig 1937. S. 239.
Seite 190: Heinrich Heine: Reise von München nach Genua. In: Heinrich Heine: Sämtliche Schriften in zwölf Bänden. Hg. v. Klaus Briegleb. Bd. 3: Schriften 1822-1831. Hg. v. Günter Häntzschel. Frankfurt a. Main, Berlin, Wien 1981. S. 325.
Seite 191: Samuel Beckett: Tagebucheintrag März 1937. In: James Knowlson: Samuel Beckett. Eine Biographie. Suhrkamp Verlag, Frankfurt a. Main 2001. S. 332/333.
Seite 192: Guillaume Apollinaire: Der gemordete Dichter. München 1968. S. 25–27.
Seite 193: Heinrich Laube: Reisenovellen (1836). Berlin 1993.

Seite 194: Jan Neruda: Die Hunde von Konstantinopel. Reisebilder. Hg. v. Christa Rothmeier. München 2007. S. 13.
Seite 195: Gordon A. Craig: Tagebuchblätter. München 1935. In: Der Aquädukt 1763-1988. Ein Almanach aus dem Verlag C.H. Beck im 225. Jahr seines Bestehens. München 1988. S. 99.
Seite 195: Wladimir Solouchin: Sowjetische Eindrücke von Saulgau und München. In: Süddeutsche Zeitung. 23. Dezember 1963. S. 10.

### Oktoberfest – Von Löwenmenschen und Wiesenbräuten

Seite 197: Ödön von Horváth: Kasimir und Karoline. Volksstück in sieben Bildern. Gesammelte Werke 5. Frankfurt a. Main 1986. S. 136.
Seite 202: Rainer Maria Rilke: Ewald Tragy. Frankfurt a. Main 1977. S. 51/52.
Seite 203: Thomas Wolfe an Aline Bernstein. 4. Oktober 1928. In: Süddeutsche Zeitung. 1./2. Oktober 1960. S. 59/60.
Seite 204: Felix Mendelssohn Bartholdy an seine Familie. 6. Oktober 1831. In: Wilhelm Zentner (Hg.): Gastfreundliches München. Das Antlitz einer Stadt im Spiegel ihrer Gäste. München 1947.
Seite 205: Friedrich Hebbel: Das Münchner Oktoberfest. Reiseeindrücke. In: Anton Mayer-Pfannholz: Deutsches Alpenland. Ein Heimatbuch. Leipzig 1920. S. 192/193.
Seite 206: Josip Juraj Strossmayer: Bamberg und München (1875). In: Vienac (dt. Kranz). Jg. VII, Nr. 4-13. Aus dem Kroatischen von Dr. Joso Dzambo. Zagreb 1875. S. 208–212.
Seite 207: Ödön von Horváth: Kasimir und Karoline. Volksstück in sieben Bildern. Gesammelte Werke 5. Frankfurt a. Main 1986. S. 12.
Seite 208: Friedrich Hebbel: Das Münchner Oktoberfest. Reiseeindrücke. In: Anton Mayer-Pfannholz: Deutsches Alpenland. Ein Heimatbuch. Leipzig 1920. S. 194.
Seite 209: Alexander Roda Roda: Die Schaubude auf dem Oktoberfest. In: Roda Roda und die vierzig Schurken. Berlin, Wien, Leipzig 1932. S. 215–218.
Seite 210: Thomas Wolfe an Aline Bernstein. 4. Oktober 1928. In: Süddeutsche Zeitung. 1./2. Oktober 1960. S. 59/60.
Seite 211: Thomas Wolfe: Geweb und Fels. Reinbek o. J. S. 602–604.
Seite 212: Ödön von Horváth: Wiesenbraut und Achterbahn. In: Krischke Traugott: Ödön von Horváth. München 1980. S. 131.

### Vergnügungen – Fasching, Feten, Varieté

Seite 215: Freddie Mercury: Zit. n. einem Interview des Bayrischen Rundfunks.
Seite 220: Caroline Schlegel-Schelling an Luise Wiedemann. 31. Januar 1807. In: Caroline Schlegel-Schelling: Briefe aus der Frühromantik. Hg. v. Erich Schmidt. Bd. 2. Leipzig 1913. S. 371ff. u. 488-490.
Seite 221: Orlando di Lasso an Herzog Wilhelm. 30. Mai 1575. Nr. 26. In: Horst Leuchtmann: Orlando di Lasso. Briefe. Wiesbaden 1977. S. 149.

Seite 222: Friedrich Hebbel: Der Schäfflertanz. In: Friedrich Hebbel: Sämtliche Werke. Hg. v. Richard Maria Werner. Erste Abt. Bd. 9: Vermischte Schriften I. 1830-1840. Berlin 1913. In: Hans-Rüdiger Schwab (Hg.): München. Dichter sehen eine Stadt. Stuttgart 1990. S. 72/73.
Seite 223: Ignaz Franz Castelli. In: Wilhelm Zentner (Hg.): Gastfreundliches München. Das Antlitz einer Stadt im Spiegel ihrer Gäste. München 1947. S. 127.
Seite 223: Hans Christian Andersen: Tagebücher. Hg. v. Heinz Barüske. Bd. 1. Frankfurt a. Main 1980. S. 232-239.
Seite 224: Robert Walser: München. In: Robert Walser: Träumen. Suhrkamp Verlag, Frankfurt a. Main 1985. S. 269/270.
Seite 225: Lenin in München. Dokumentation und Bericht von Friedrich Hitzer. Hg. v. der Bayerischen Gesellschaft zur Förderung der Beziehung zwischen der Bundesrepublik Deutschland und der Sowjetunion e.V. München, Frankfurt a. Main 1977. S. 463/466.
Seite 226: Marianne Werefkin: Briefe an einen Unbekannten. 1901-1905. Hg. v. Clemens Weiler. Köln 1960. S. 38.
Seite 226: Jean Giraudoux: Siegfried oder Die zwei Leben des Jacques Forestier. Berlin, Frankfurt a. Main, Wien 1962. S. 96/97.
Seite 227: Ödön von Horváth: Wie der Tafelhuber Toni seinen Hitler verleugnet hat. In: Ödön von Horváth: Sportmärchen und andere Prosa. In: Gesammelte Werke 11. Frankfurt a. Main 1988. S. 141/142.
Seite 228: Igor Grabar. In: Russische Spuren in Bayern. Portraits, Geschichten und Erinnerungen. Hg. v. MIR e.V. Zentrum für russische Kultur in München. München 1997. S. 68.
Seite 228: Josip Kosor: Die Große Autobiographie. Zagreb 1928.
Seite 229: René Prévot: Kleiner Schwarm für Schwabylon. München 1954. S. 69/70.
Seite 230: Samuel Beckett. Paris, 29. November 1973 in einem Schreiben an Michael Schulte. In: Karl Valentin: Volks-Sänger? DADAist? München 1982. S. 17.
Seite 231: Hermann Hesse: Gesammelte Werke in zwölf Bänden. Kurgast. Die Nürnberger Reise. Der Steppenwolf. Bd. 7. Suhrkamp Verlag, Frankfurt a. Main 1970. S. 176-178.
Seite 232: Paul Klee: München, Januar 1912. S. 302. In: Paul Klee. Schriften. Rezensionen und Aufsätze. Hg. v. Christian Geelhaar. Köln 1976. S. 97/98.
Seite 232: Paul Klee: München, Februar 1910. In: Paul Klee. Tagebücher. 1898-1918. Hg. v. Paul-Klee-Stiftung. Bern 1988. S. 300.
Seite 233: Ingmar Bergman: Laterna Magica. Mein Leben. Berlin 1987. S. 342/343.

**Das Weltdorf – Schwabinger Einblicke**

Seite 235: René Prévot: Seliger Zweiklang. Schwabing Montmartre. München 1948. S. 11/12.
Seite 240: Max Frisch: Homo Faber. Frankfurt a. Main 1957. S. 228.
Seite 240/241: Rainer Maria Rilke: Auch ein Münchner Brief. In: Rainer Maria Rilke: Sämtliche Werke. Hg. v. Rilke-Archiv. In Verbindung mit Ruth Sieber-Rilke besorgt durch Ernst Zinn. Bd. 5. S. 328-334. Erstdruck: Bohemia Nr. 258. Prag 17.9.1897.

Seite 242: Lou Andreas-Salomé: Lebensrückblick. Grundriß einiger Lebenserinnerungen. Zürich, Wiesbaden 1951. S. 155/156.

Seite 242: Imre Kertész: Ich – ein anderer. Berlin 1998. S. 37.

Seite 243: Alexander Roda Roda: Xaver Hubers »Münchener Heimatkunde für die untern Volksschulklassen«. In: Schwabing. Spinnete und erotische enorme und neurotische Moritaten und Verse. Hg. v. Oda Schäfer. München 1958. S. 7.

Seite 244: Olaf Gulbransson: Sein Leben erzählt von Dagny Gulbransson-Björnson. Pfullingen 1967. S. 72.

Seite 244: Sándor Márai: Bekenntnisse eines Bürgers. Zürich, München 2000. S. 237.

Seite 245: Lenin in München. Dokumentation und Bericht von Friedrich Hitzer. Hg. v. der Bayerischen Gesellschaft zur Förderung der Beziehung zwischen der Bundesrepublik Deutschland und der Sowjetunion e.V. München. Frankfurt a. Main 1977. S. 460.

Seite 246: Wassily Kandinsky. In: Armin Zweite (Hg.): Kandinsky und München: Begegnungen und Wandlungen 1896-1914. München 1982.

Seite 247: Wassily Kandinsky. In: Ekaterina Grabar: Russische Künstler im München der Jahrhundertwende. In: Russische Spuren in Bayern. Portraits, Geschichten und Erinnerungen. Hg. v. MIR e.V. Zentrum für russische Kultur in München. München 1997. S. 62.

Seite 248: René Prévot: Seliger Zweiklang. Schwabing Montmartre. München 1948. S. 11/12.

Seite 249: Sándor Márai: Bekenntnisse eines Bürgers. Zürich, München 2000. S. 237.

Seite 250: Friedrich Hebbel: Tagebücher, 10. März 1839. In: Friedrich Hebbel. Werke in 5 Bänden, Bd. 5. Tagebücher. Hg. v. Gerhard Fricke, Werner Keller, Karl Pörnbacher. München 1967.

Seite 250: Robert Walser: München. In: Robert Walser: Träumen. Frankfurt a. Main 1985. S. 269/270.

Seite 250: Gordon A. Craig: Tagebuchblätter. München 1935. In: Der Aquädukt 1763-1988. Ein Almanach aus dem Verlag C.H. Beck im 225. Jahr seines Bestehens. München 1988. S. 100.

Seite 251: Kuno Raeber: Literaten in München. Auszug aus dem unveröffentlichten Typoskript. 29.3. 1966. Schweizerisches Literaturarchiv Bern.

Seite 252: Ingeborg Bachmann. In: Oswald Döpke: Ich weiss nämlich gar nicht, wohin ich gehen soll. Ingeborg Bachmann in Briefen aus den Jahren 1956 und 1957. In: Ingeborg Bachmann: Das Lächeln der Sphinx. Du. Die Zeitschrift der Kultur. Heft 9. September 1994. S. 39.

Seite 253: Helmut Qualtinger: Helmut Qualtingers beste Satiren. Vom Travnicek zum Herrn Karl. Mit Texten von Gerhard Bronner, Carl Merz und Helmut Qualtinger. Hg. v. Brigitte Erbacher. München, Wien 1973. S. 142ff.

# Abbildungsnachweise

akg-images: 19, 22, 30 o., 44, 59 o., 65 u., 69, 99, 119, 129 o., 171, 172 o., 192, 211, 224 o., 231, 232, 242 o., 242 u., 244, 245
Bayerisches Nationalmuseum: 6
Bayerische Schlösser- und Seenverwaltung: 94, 95, 96, 98, 100
Bayerische Staatsbibliothek: 72 l, 77, 97, 118, 122
Bayerische Staatsgemäldesammlungen: 89 r., 102, 114 l., 123, 126, 131
Archiv Paul Brandt, Dachau: 180 r.
Corbis: 152 o.
Foto Volker Derlath: 30 u.
Deutsches Literaturarchiv Marbach: 46, 155 o., 169, 190 o., 205, 223 u.
DIZ SV-Bilderdienst: 212
Archiv Helmut Drexler: 236 r.
Archiv Josef Egger: 225
Archiv Rudolf Förth: 237 r.
Getty Images: 109, 185 u.
Archiv Ernst Grasser: 239 r., 248, 249, 252, 253
Archiv Hofbräuhaus: 181 l., 193
Monacensia München: 16, 26, 27, 31, 32, 34 r., 35 l., 35 r., 36 l., 37 r., 39, 42 o., 42 u., 45, 47, 49, 50, 63, 64, 65 o., 68, 86, 88 r., 106, 107, 108, 112 l., 113 l., 113 r., 114 r., 115 l., 115 r., 121, 133, 139 l., 146, 147, 152 u., 155, 158, 160 l., 160 r., 167, 170, 172 u., 174, 181 r., 184, 186; 187, 188, 189, 190 u., 191, 194, 196, 198 l., 199 l., 199 r., 200 l., 200 r., 201 l., 201 r., 203, 207, 208, 209, 216 l., 216 r., 217 l., 218 l., 219 l., 219 r., 222, 224 u., 226, 229, 230, 234, 236 l., 237 l., 238 l., 238 r., 241
Münchner Stadtmuseum: 10, 12 l., 13 r., 14 r., 17, 20, 21, 34 l., 36 r., 37 l., 40, 41, 52 l., 52 r., 53 r., 54 l., 55 l., 55 r., 59 u., 62, 66, 74 l., 75 r., 80 u., 88 l., 90 l., 90 r., 91 l., 91 r., 101, 137 l., 246, 247
Foto Isolde Ohlbaum: 132
Stadtarchiv München: 12 r., 13 l., 14 l., 15 l., 15 r., 23, 25, 29, 38, 43, 53 l., 53 r., 54 r., 57, 61, 70, 72 r., 73 l., 73 r., 75 l., 79, 83, 85 u., 89 l., 124, 139 r., 150, 161 l., 161 r., 162 l., 162 r., 163 l., 163 r., 165, 166, 168, 173, 178 l., 178 r., 179 l., 179 r., 180 l., 182, 198 r., 202, 204, 213, 239 l., 243
ullstein bild: 80 o., 85 o., 151
Sebastian Winkler: 103, 104, 105, 110, 112 r., 127, 129 u., 134, 136 l., 136 r., 137 r., 138 l., 138 r., 141, 148, 149, 154, 157, 176, 185 o., 214, 217 r., 218 r., 223 o., 228

Die Quellen aller Abbildungen wurden sorgfältig recherchiert. Sollte uns ein Nachweis entgangen sein, bitten wir Sie, mit dem Deutschen Taschenbuch Verlag, München, Kontakt aufzunehmen.

# Verwendete Literatur


Andersen, Hans Christian: Tagebücher. Hg. v. Heinz Barüske. Bd. 1. Frankfurt a. Main 1980.

Andreas-Salomé, Lou: Lebensrückblick. Grundriß einiger Lebenserinnerungen. Zürich, Wiesbaden 1951.

Anti-Tissot (eigentlich Victor Tissot): München und die Münchener. Eine Beleuchtung der bayrischen, insbesondere Münchener Zustände. München 1876.

Apollinaire, Guillaume: Der gemordete Dichter. München 1968.

Arnim, Bettine von: Goethes Briefwechsel mit einem Kinde. Hg. v. Waldemar Oehlke. Frankfurt a. Main 1984.

Atterbom, Per Daniel Amadeus: Menschen und Städte. Begegnungen und Beobachtungen eines schwedischen Dichters in Deutschland, Italien und Österreich 1817-1819. Hg. v. Christel Matthias Schröder. Hamburg 1947.

Aurora. Blätter für Kunst, Wissenschaft und geselliges Leben. Nr. 34 (15. November 1829) bis Nr. 44 (29. November 1829).

Baedeker München und Südbayern. München 1928.

Batusic, Slavko: Gesichter und Kehrseiten der deutschen Städte und Landschaften. In: Batusic, Slavko: Durch westliche Länder und Städte. Zagreb 1932.

Bauer, Richard: Geschichte Münchens. Vom Mittelalter bis zur Gegenwart. München 2003.

Bauer, Richard (Hg.): Zu Gast im alten München. Erinnerungen an Hotels, Wirtschaften und Cafés. München 1982.

Ben-Yaakov, Yissakhar: Leben für Israel. Erinnerungen eines Diplomaten. Hamburg 2007.

Bergman, Ingmar: Mein Leben. Hamburg 1987.

Bergman, Ingmar: Laterna Magica. Mein Leben. Berlin 1987.

Buschow, Erna: Alphonse Daudet in München. In: Bayrischer Rundfunk. Redaktion: Hörbild/Inland. Unbekanntes Bayern. Erstsendung: 17. Juni 1962.

Casanova, Giacomo Chevlier de Seingalt: Geschichte meines Lebens. Hg. v. Günter Albrecht und Barbara Albrecht. Bd. 5. München 1985.

Couzy, Agnes und Catherine Dorzel: Legendäre Reisen in den Alpen. München 2007.

Craig, Gordon A.: Tagebuchblätter. München 1935. In: Der Aquädukt 1763-1988. Ein Almanach aus dem Verlag C.H. Beck im 225. Jahr seines Bestehens. München 1988.

Deuerlein, Ernst: Der Aufstieg der NSDAP 1919-1933 in Augenzeugenberichten. Berlin 1968.

Elgar, Edward: Letters of Edward Elgar and other Writings. Hg. v. Percy M. Young. London 1956.

Eliot, T.S.: Collected Poems 1909–1962. London, Boston 1963.

Eliot, T.S.: Briefe 1898-1922. Hg. v. Valerie Eliot. Bd. 1. Frankfurt a. Main 1996.

Fermor, Patrick Leigh: Die Zeit der Gaben. Zu Fuß nach Konstantinopel: Von Hoek van Holland an die mittlere Donau. Der Reise erster Teil. Zürich 2005.

Fleming, Fergus: Nach oben. Die ersten Eroberungen der Alpengipfel. Hamburg 2002.
Flippo, Hyde: When in Germany. Do as the Germans do. The Clued-In Guide to German Life, Language, and Culture. Chicago. New York 2002.
Franzen, Jonathan: Unruhezone. Reinbek 2007.
Frisch, Max: Tagebuch 1946–1949. Frankfurt a. Main 1950.
Gerstner, Hermann (Hg.): München. Freiburg i. Breisgau 1967.
Giraudoux, Jean: Siegfried oder Die zwei Leben des Jacques Forestier. Berlin, Frankfurt a. Main, Wien 1962.
Grabar, Igor: Russische Künstler im München der Jahrhundertwende. In: Russische Spuren in Bayern. Portraits, Geschichten und Erinnerungen. Hg. v. MIR e.V. Zentrum für russische Kultur in München. München 1997.
Grasberger, Thomas: Gebrauchsanweisung für München. München, Zürich 2001.
Green, Julien: Statuen sprechen. Fotografien und Texte. Staatliche Antikensammlung und Glyptothek. München 1992.
Gulbransson, Olaf: Sein Leben erzählt von Dagny Gulbransson-Björnson. Pfullingen 1967.
Hächler, Beat: Das Klappern der Zoccoli. Literarische Wanderungen im Tessin. Zürich 2004.
Handel, Stephan: Vor dem Fass sind alle gleich. Oberflächlich betrachtet ist die Wiesn eine große
Orgie - aber nur oberflächlich betrachtet. In: München erleben. Süddeutsche Zeitung. März 2007.
Hartmann, Peter Claus: Der Hitlerputsch (1923) im Urteil der französischen Gesandtschafts- und Botschaftsberichte. In: FRANCIA. Forschungen zur westeuropäischen Geschichte. Hg. v. Deutschen Historischen Institut Paris. Bd. 5. München 1978.
Hebbel, Friedrich: Historische Schriften. Reiseeindrücke I. Berlin 1913.
Hebbel, Friedrich: Sämtliche Werke. Hg. v. Richard Maria Werner. Erste Abt. Bd. 9: Vermischte Schriften I. 1830–1840. Berlin 1913.
Hebbel, Friedrich: Tagebücher (10. März 1839). In: Friedrich Hebbel. Werke in 5 Bänden. Bd. 5. Tagebücher. Hg. v. Gerhard Fricke, Werner Keller, Karl Pörnbacher. München 1967.
Heine, Heinrich: Sämtliche Schriften in zwölf Bänden. Hg. v. Klaus Briegleb. Bd. 3: Schriften 1822-1831. Hg. v. Günter Häntzschel. Frankfurt a. Main, Berlin, Wien 1981.
Heine, Heinrich: Voyage de Munich à Genève (1856). In: Säkularausgabe. Bd. 15. Berlin, Paris 1979.
Hesse, Hermann: Gesammelte Werke in zwölf Bänden. Bd. 7: Kurgast. Die Nürnberger Reise. Der Steppenwolf. Frankfurt a. Main 1970.
Hitzer, Friedrich: Lenin in München. Dokumentation und Bericht. Hg. v. der Bayerischen Gesellschaft zur Förderung der Beziehung zwischen der Bundesrepublik Deutschland und der Sowjetunion e.V. München. Frankfurt a. Main 1977.
Hollweck, Ludwig: Eine Stadt erzählt: München. Liebling der Musen. Wien, Hamburg 1971.
Hollweck, Ludwig: Stadtgeschichte in Jahresporträts. Was war wann in München. Von der Besiedlung der Münchner Gegend bis 1980 in Stichworten erzählt. München 1982.

Horváth, Ödön von: Kasimir und Karoline. Volksstück in sieben Bildern. In: Gesammelte Werke 5. Frankfurt a. Main 1986.
Horváth, Ödön von: Sportmärchen und andere Prosa. In: Gesammelte Werke 11. Frankfurt a. Main 1988.
Howitt, Anna Mary: Herrliche Kunststadt München. Briefe einer englischen Kunststudentin. Hg. v. Cornelia Oelwein. Dachau 2002.
Hubensteiner, Benno: Bayerische Geschichte. Staat und Volk. Kunst und Kultur. München 1977.
Kapfer, Herbert und Carl-Ludwig Reichert: Umsturz in München. Schriftsteller erzählen die Räterepublik. München 1888.
Keller, Gottfried: Gesammelte Briefe in vier Bänden. Hg. v. Carl Helbling. Bd. 1. Bern 1950.
Kertész, Imre: Ich - ein anderer. Berlin 1998.
Klee, Paul: München. In: Paul Klee. Schriften, Rezensionen und Aufsätze. Hg. v. Christian Geelhaar. Köln 1976.
Klee, Paul: Tagebücher. 1898–1918. Hg. v. Paul-Klee-Stiftung. Bern 1988.
Knowlson, James: Samuel Beckett. Eine Biographie. Frankfurt a. Main 2001.
Koll, Andreas und Achim Bergmann: Vorwort des Herausgebers. In: Booklet zu Karl Valentin. Gesamtausgabe Ton. 1928–1947. München 2002.
Kosor, Josip: Die Große Autobiographie. Zagreb 1928.
Kühn, Frithjof: Jean Giraudoux in München. In: Blätter des Bayerischen Staatsschauspiels. Heft 3. November/Dezember 1948.
Laube, Heinrich: Reisenovellen (1836). Berlin 1993.
Lawrence, David Herbert: Briefe. Hg. v. Aldous Huxley. Zürich 1979.
Lawrence, David Herbert: Mr. Noon. Zürich 1985.
Le Carré, John: Absolute Freunde. Berlin 2005.
Leuchtmann, Horst (Hg.): Orlando di Lasso. Briefe. Wiesbaden 1977.
Lord, Richard: Cultureshock. Germany. A Survival Guide to Customs and Etiquette. Portland, Oregon 2005.
Manganelli, Giorgio: München. Eine verrückte und künstliche Stadt. In: Konturen. Magazin für Sprache, Literatur und Landschaft. 1/1993.
Márai, Sándor: Bekenntnisse eines Bürgers. Erinnerungen. München, Zürich 2000.
Mayer, Christian: Karneval in München. In: München erleben. Süddeutsche Zeitung. März 2007.
Mayer-Pfannholz, Anton (Hg.): Deutsches Alpenland. Ein Heimatbuch. Leipzig 1937.
Michels, Karen: Augen, die sehen. Le Corbusiers Beobachtungen in München. In: Jahrbuch des Zentralinstituts für Kunstgeschichte. Bd. 5/6. München 1990.
Montaigne, Michel de: Tagebuch einer Reise durch Italien, die Schweiz und Deutschland in den Jahren 1580 und 1581. Hg. v. Otto Flake. Frankfurt a. Main 1988.
Montesquieu, Charles de: Voyages de Montesquieu publiés par le Baron Albert de Montesquieu. Bd. 2. Bordeaux 1896. Zit. n. Hans-Rüdiger Schwab (Hg.): München. Dichter sehen eine Stadt. Stuttgart 1990.
Moore, Jerrold Northrop: Edward Elgar. A creative life. Oxford, New York, Melbourne 1984.
Mozart, Wolfgang Amadeus: Briefe. Hg. v. Horst Wandrey. Zürich 1988.
Müller, Günter R. und Claudius Seidl: München. München 2000.

München. Die Alpenstadt in der weitatmigen Hochebene. Die Stadt der Künste und Museen. Die Stadt eigenwüchsigen Volkslebens. In: Die deutsche Glocke. Sonderbeilage zum Werdauer Tageblatt 1929.
München. Die bewegte Stadt. ADAC Reisemagazin. Juli/August 2005.
München. GEO Spezial. Die Welt entdecken. April/Mai 2003.
München. Der Stadtführer der SZ-Redaktion. Süddeutsche Zeitung 2006.
München und die Münchener. Leute - Dinge - Sitten - Winke. Karlsruhe 1905.
Muller, Herbert Joseph: Thomas Wolfe in Selbstzeugnissen und Bilddokumenten. Reinbek 1963.
Naumann, Ursula: »Das launischste Wetter und Professoren aller Art«. Die englische Schriftstellerin George Eliot und ihre Münchner Zeit. In: Bayrischer Rundfunk. Redaktion: Land und Leute. Erstsendung: 9. Juni 1991.
Neruda, Jan: Die Hunde von Konstantinopel. Reisebilder. Hg. v. Christa Rothmeier. München 2007.
Nerval, Gérard de: Auf Sand gebaut. Münchner Eindrücke eines Franzosen im 19. Jahrhundert. In: Süddeutsche Zeitung. 20./21. Mai 1972.
Nicolai, Friedrich: Beschreibung einer Reise durch Deutschland und die Schweiz im Jahre 1781. Nebst Bemerkungen über Gelehrsamkeit, Industrie, Religion und Sitten. Bd. 6. Berlin, Stettin 1785.
Nöhbauer, Hans F.: Die Chronik Bayerns. Dortmund 1987.
Papantoniou, Zacharias: Otto und die Romantische Dynastie. Athen 1934.
Prévot, René: Kleiner Schwarm für Schwabylon. München 1954.
Prévot, René: Seliger Zweiklang. Schwabing Montmartre. München 1948.
Qualtinger, Helmut: Helmut Qualtingers beste Satiren. Vom Travnicek zum Herrn Karl. Mit Texten von Gerhard Bronner, Carl Merz und Helmut Qualtinger. Hg. v. Brigitte Erbacher. München, Wien 1973.
Rasmussen, Emil: Das große Chaos. Münchner Künstlerroman aus der Kriegszeit. München 1920.
Reiser, Rudolf: Kaiser, Künstler, Kurtisanen. Aus Münchens Gästebuch von 1158 bis 1994. München 1995.
Richter, Joachim F.: München von A bis Z. Stadtlexikon der bayerischen Landeshauptstadt mit Landkreis München. II. Jubiläumsausgabe 1958–1968 »10 Jahre Stadtlexikon«. Berg am Starnberger See 1968.
Rilke-Gesellschaft: Unter den großen Städten die sympathischste, duldsamste und weiteste. Rilke und München. Hg. v. Rudi Schweikert. In: Blätter der Rilke-Gesellschaft. Bd. 25. Frankfurt a. Main, Leipzig 2004.
Rilke, Rainer Maria: Ewald Tragy. In: Werke in drei Bänden. Bd. 3. Frankfurt a. Main 1966.
Rilke, Rainer Maria und Lou Andreas-Salomé. Briefwechsel. Hg. v. E. Pfeiffer. Frankfurt a. Main 1952.
Rilke, Rainer Maria und Marie von Thurn und Taxis. Briefwechsel. Hg. v. E. Zinn. 2 Bde. Zürich 1951.
Rilke, Rainer Maria und Marie von Thurn und Taxis: Briefwechsel. Frankfurt a. Main 1986.
Rilke, Rainer Maria: Briefe in zwei Bänden. Hg. v. H. Nalewski. Frankfurt a. Main 1991.
Roda Roda und die vierzig Schurken. Berlin, Wien, Leipzig 1932.

Sakamoto, Miki: Münchner Freiheit. Fernöstliche Blicke auf die Weltstadt mit Herz. München 2007.
Schäfer, Oda: Schwabing. Spinnete und erotische enorme und neurotische Moritaten und Verse. München 1985.
Schattenhofer, Michael: Von Kirchen, Kurfürsten und Kaffeesiedern etcetera. Aus Münchens Vergangenheit. München 1974.
Schirnding, Albert von: dtv Reise Textbuch. München 1988.
Schlegel-Schelling, Caroline: Briefe aus der Frühromantik. Hg. v. Erich Schmidt. Bd. 2. Leipzig 1913.
Schury, Gudrun: Ich wollt, ich wär ein Eskimo. Das Leben des Wilhelm Busch. Berlin 2007.
Schwab, Hans-Rüdiger (Hg.): München. Dichter sehen eine Stadt. Stuttgart 1990.
Schweiggert, Alfons: Franz Kafka in München. Zwischen Leuchten und Finsternis. München 2007.
Schweiggert, Alfons und Hannes S. Macher: Autoren und Autorinnen in Bayern. 20. Jahrhundert. Dachau 2004.
Sigalas, Antonios: Die ersten Eindrücke eines Griechen in München, zum Abschied geschrieben. In: Mayer-Pfannholz, Anton: Deutsches Alpenland. Ein Heimatbuch. Leipzig 1937.
Smith, Liz: Cultureshock! Living in the World's Great Cities. Munich at your door. Portland, Oregon 2003.
Solouchin, Wladimir: Mit den Augen eines Russen. Wladimir Solouchin über München. In: Münchner Merkur. 21./22. Dezember 1963.
Solouchin, Wladimir: Sowjetische Eindrücke von Saulgau und München. In: Süddeutsche Zeitung, 23. Dezember 1963.
Spengler, Karl: Es geschah in München. München 1962.
Staël, Germaine de: Über Deutschland. London 1813.
Twain, Mark: Bummel durch Deutschland. Mit 20 Bildern von Hans Traxler. München 2006.
Tworek, Elisabeth: Spaziergänge durch das Alpenland der Literaten und Künstler. Hamburg, Zürich 2004.
Tworek, Elisabeth: Am Meer geboren, betört von den Alpen. Die Faszination landschaftlicher Gegenwelten. In: Bayrischer Rundfunk. Redaktion: Land und Leute. Erstsendung: 8. September 2007.
Tworek, Elisabeth: Ende einer Dichterfreundschaft. Oskar Maria Graf und Ödön von Horváth. In: Bayrischer Rundfunk. Redaktion: Land und Leute. Erstsendung: 13. Mai 2006.
Tworek, Elisabeth (Hg.): Fremd(W)orte. Schreiben und Leben - Exil in München. München 2000.
Tworek, Elisabeth: Klangfarbe und Farbklänge. Erinnerungslandschaft Voralpenland. In: Bayrischer Rundfunk. Redaktion: Land und Leute. Erstsendung: 28. Mai 2005.
Ude, Karl (Hg.): Hier schreibt München. Essays, Feuilletons, Erzählende Prosa. München 1961.
Walser, Robert: Träumen. Frankfurt a. Main 1985.
Werefkin, Marianne: Briefe an einen Unbekannten. 1901–1905. Hg. v. Clemens Weiler. Köln 1960.
Wolfe, Thomas: Geweb und Fels. Reinbek o.J.

Zeltner, Erno: Sándor Márai. Ein Leben in Bildern. München, Zürich 2001.
Zentner, Wilhelm (Hg.): Gastfreundliches München. Das Antlitz einer Stadt im Spiegel ihrer Gäste. München 1947.
Zweite, Arnim (Hg.): Kandinsky und München. Begegnungen und Wandlungen 1896-1914. München 1982

# Autorenverzeichnis

Hans Christian Andersen
Dänischer Dichter
1805 bis 1875
Aufenthalt in München: 1834
Seite: 23, 40, 140, 223

Lou Andreas-Salomé
Russisch-deutsche Schriftstellerin
1861 bis 1937
Aufenthalt in München: 1897
Seite: 242

Anti-Tissot (eigentlich Victor Tissot)
Schweizer Schriftsteller
1845 bis 1917
Aufenthalt in München: um 1878
Seite: 61, 63, 103, 142, 165

Guillaume Apollinaire
Französischer Dichter
1880 bis 1918
Aufenthalt in München: um 1916
Seite: 192

Per Daniel Amadeus Atterbom
Schwedischer Dichter und Kunstgelehrter
1790 bis 1855
Aufenthalt in München: 1818
Seite: 123, 144

Ingeborg Bachmann
Österreichische Schriftstellerin
1926 bis 1973
Aufenthalt in München: 1957/1958
Seite: 252

Slavko Batusic
Kroatischer Schriftsteller, Publizist und Theaterwissenschaftler
1902 bis 1979
Aufenthalt in München: 1920er Jahre
Seite: 156

Samuel Beckett
Irischer Schriftsteller
1906 bis 1989
Aufenthalt in München: 1937
Seite: 155, 191, 230

Yissakhar Ben-Yaacov
Israelischer Diplomat
Geb. 1922
Aufenthalt in München: 1948 bis 1953
Seite: 84

Ingmar Bergman
Schwedischer Drehbuchautor, Film- und Theaterregisseur
1918 bis 2007
Aufenthalt in München: 1976 bis 1985
Seite: 152, 154, 233

Godfried Bomans
Niederländischer Schriftsteller
1913 bis 1971
Aufenthalt in München: 1949
Seite: 49, 186

Charles Burney
Englischer Musikhistoriker, Komponist und Organist
1726 bis 1814
Aufenthalt in München: 1772
Seite: 62, 95, 98, 117, 118

Giacomo Girolamo Casanova
Italienischer Schriftsteller
1725 bis 1798
Aufenthalt in München: 1756, 1761 und 1762
Seite: 19

Ignaz Franz Castelli
Österreichischer Dichter und Dramatiker
1781 bis 1862
Aufenthalt in München: 1855
Seite: 116, 223

Gordon A. Craig
Amerikanischer Schriftsteller und Historiker
1913 bis 2005
Aufenthalt in München: 1935
Seite: 195, 250

Alphonse Daudet
Französischer Schriftsteller und Dichter
1840 bis 1897
Aufenthalt in München: 1866
Seite: 101, 183

Giorgio De Chirico
Griechisch-italienischer Maler
1888 bis 1978
Aufenthalt in München: 1906 bis 1910
Seite: 126

Dan Diner
Deutscher Historiker und politischer Schriftsteller
Geb. 1946
gebürtiger Münchner
Seite: 82, 83

Isadora Duncan
Amerikanische Tänzerin
1878 bis 1927
Aufenthalt in München: 1904 und 1907
Seite: 127, 172

Edward Elgar
Englischer Komponist
1857 bis 1934
Aufenthalt in München: 1892, 1893, 1894, 1895 und 1897
Seite: 21

George Eliot (alias Mary Ann Evans)
Englische Schriftstellerin
1819 bis 1880
Aufenthalt in München: 1858
Seite: 100

T.S. Eliot
Amerikanisch-englischer Dramatiker, Lyriker und Essayist
1888 bis 1965
Aufenthalt in München: 1911
Seite: 109

Patrick Leigh Fermor
Englischer Reiseschriftsteller
Geb. 1915
Aufenthalt in München: 1933/1934
Seite: 77, 107, 185

F. Scott Fitzgerald
Amerikanischer Schriftsteller
1896 bis 1940
Aufenthalt in München: 1934
Seite: 27

Philip Francis
Englischer Diplomat
1740 bis 1818
Aufenthalt in München: 1772
Seite: 94, 96

Jonathan Franzen
Amerikanischer Schriftsteller
Geb. 1959
Aufenthalt in München: 1981
Seite: 29, 130

Max Frisch
Schweizer Architekt und Schriftsteller
1911 bis 1991
Aufenthalt in München: 1946
Seite: 85, 156, 240

Jean Giraudoux
Französischer Dichter
1882 bis 1944
Aufenthalt in München: 1905, 1906 und 1914
Seite: 56, 67, 108, 147, 171, 226

Johann Wolfgang von Goethe
Deutscher Dichter und Dramatiker
1749 bis 1832
Aufenthalt in München: 1786
Seite: 41

Igor Emmanuilowitsch Grabar
Russischer Maler und Kunsthistoriker
1871 bis 1960
Aufenthalt in München: um 1900
Seite: 145, 228

Julien Green
Amerikanischer Schriftsteller
französischer Sprache
1900 bis 1998
Aufenthalt in München: um 1950
Seite: 132

Olaf Gulbransson
Norwegischer Maler und Zeichner
1873 bis 1958
Aufenthalt in München: 1902 bis 1914
und 1919 bis 1933
Seite: 244

Friedrich Hebbel
Deutscher Schriftsteller
1813 bis 1863
Aufenthalt in München: 1836 bis 1839
Seite: 143, 184, 205, 208, 222, 250

Heinrich Heine
Deutscher Schriftsteller und Publizist
1797 bis 1856
Aufenthalt in München: 1827 bis 1828
Seite: 190

Hermann Hesse
Deutscher Schriftsteller
1877 bis 1962
Aufenthalt in München: um 1920
Seite: 231

Ödön von Horváth
Österreichisch-ungarischer Schriftsteller
1901 bis 1938
Aufenthalt in München: 1913 bis 1916
und 1919 bis 1922
Seite: 149, 174, 175, 207, 212, 227

Henrik Ibsen
Norwegischer Schriftsteller
1828 bis 1906
Aufenthalt in München: 1875 bis 1878
und 1885 bis 1891
Seite: 146, 169

Franz Kafka
Österreichisch-jüdischer Schriftsteller
1883 bis 1924
Aufenthalt in München: 1908, 1913 und
1920/1921
Seite: 25, 42, 148, 226

Wassily Kandinsky
Russischer Maler
1866 bis 1944
Aufenthalt in München: 1896 bis 1906
und 1909 bis 1914
Seite: 57, 129, 246, 247

Gottfried Keller
Schweizer Dichter und Politiker
1819 bis 1890
Aufenthalt in München: 1840 bis 1842
und 1874
Seite: 21, 99, 175

Imre Kertész
Ungarischer Schriftsteller
Geb. 1929
Aufenthalt in München: 1992
Seite: 31, 242

Paul Klee
Schweizer Maler
1879 bis 1940
Aufenthalt in München: 1898 bis 1901
und 1906 bis 1921
Seite: 232

Wolfgang Amadeus Mozart
Österreichischer Komponist
1756 bis 1791
Aufenthalt in München: 1774/1775, 1777, 1778/1779, 1780/1781 und 1790
Seite: 20, 40

Robert Murphy
Amerikanischer Diplomat
1894 bis 1978
Aufenthalt in München: 1921 bis 1925
Seite: 81

Jan Neruda
Tschechischer Schriftsteller, Redakteur und Theaterkritiker
1834 bis 1891
Aufenthalt in München: um 1871
Seite: 60, 65, 66, 102, 105, 155, 165, 194

Gérard de Nerval
Französischer Dichter
1808 bis 1855
Aufenthalt in München: 1840
Seite: 39, 93, 106, 131, 167

Friedrich Nicolai
Preußischer Schriftsteller, Verleger und Buchhändler
1733 bis 1811
Aufenthalt in München: 1781
Seite: 60

Niccolò Paganini
Italienischer Violinist, Gitarist und Komponist
1782 bis 1840
Aufenthalt in München: 1829
Seite: 120

Zacharias Papantoniou
Griechischer Dichter, Maler und Journalist
1877 bis 1940
Aufenthalt in München: 1913
Seite: 64, 141, 188

Leonid Pasternak
Ukrainischer Maler
1862 bis 1945
Aufenthalt in München: 1885 bis 1887
Seite: 125

Jean Felix Anne Pozzi
Französischer Diplomat und Gesandter in München
1884 bis 1967
Aufenthalt in München: 1923
Seite: 81

René Prévot
Elsässischer Schriftsteller und Journalist
1880 bis 1955
Aufenthalt in München: 1902 bis 1955
Seite: 48, 173, 229, 248

Helmut Qualtinger
Österreichischer Schauspieler, Schriftsteller und Kabarettist
1928 bis 1986
häufige Aufenthalte in München
Seite: 69, 81, 149, 253

Kuno Raeber
Schweizer Schriftsteller
1922 bis 1992
Aufenthalt in München: ab 1958
Seite: 251

Franziska zu Reventlow
Deutsche Schriftstellerin
1871 bis 1918
lange Aufenthalte in München
Seite: 7

Rainer Maria Rilke
Österreichischer Dichter
1875 bis 1926
Aufenthalt in München: zwischen 1896 und 1919
Seite: 46, 47, 78, 79, 124, 170, 202, 240, 241

Alexander Roda Roda
Österreichischer Schriftsteller und Publizist
1872 bis 1945
Aufenthalt in München: zwischen 1906 und 1926
Seite: 209, 243

Miki Sakamoto
Japanische Schriftstellerin
Geb. 1950
Aufenthalt in München: seit 1975
Seite: 28, 68, 151, 153

Caroline Schlegel-Schelling
Deutsche Schriftstellerin
1763 bis 1809
Aufenthalt in München: 1803 und 1807
Seite: 220

Christian Friedrich Daniel Schubart
Deutscher Dichter, Journalist und Komponist
1739 bis 1791
Aufenthalt in München: 1773
Seite: 164

Antonio Sigalas
Griechischer Schriftsteller
Lebensdaten und Aufenthalt in München: unbekannt
Seite: 24, 104, 107, 128, 189

Bedrich Smetana
Tschechischer Komponist
1824 bis 1884
Aufenthalt in München: 1868 und 1870
Seite: 59, 121

Wladimir Solouchin
Russischer Schriftsteller
1924 bis 1997
Aufenthalt in München: 1963
Seite: 187, 195

Germaine de Staël
Französische Schriftstellerin
1766 bis 1817
Aufenthalt in München: 1807
Seite: 116

Josip Jurai Strossmayer
Kroatischer Politiker und Theologe
1815 bis 1905
Aufenthalt in München: 1872
Seite: 206

Fedor Ivanowitsch Tjutschew
Russischer Schriftsteller und Diplomat
1803 bis 1873
Aufenthalt in München: 1822 bis 1837 und 1839 bis 1844
Seite: 58

Mark Twain
Amerikanischer Schriftsteller
1835 bis 1910
Aufenthalt in München: 1878/1879
Seite: 122, 168

Robert Walser
Schweizer Schriftsteller
1878 bis 1956
Aufenthalt in München: 1899 und 1901
Seite: 224, 250

Marianne von Werefkin
Russisch-schweizerische Kunstmalerin
1860 bis 1938
Aufenthalt in München: 1896 bis 1911
Seite: 226

Thomas Wolfe
Amerikanischer Schriftsteller
1900 bis 1938
Aufenthalt in München: 1925 und 1928
Seite: 203, 210, 211

Reinhard Bauer und Ernst Piper

**Kleine Geschichte Münchens**

Mit einem Vorwort von Christian Ude
Durchgehend illustriert,
mit farbigem Bildteil und Zeittafel

ISBN 978-3-423-**24650**-7

Von den Mönchen zum High-Tech-Zentrum, vom Herzogssitz zur Bussi-Gesellschaft: Es ist schon eine erstaunliche Geschichte, die die kleine Siedlung an der Salzstraße des 12. Jahrhunderts bis in die Gegenwart hinter sich gebracht hat, in der München schon mal neben Metropolen wie New York, London, Paris oder Rom genannt wird, und das, obwohl Missgünstige die Stadt mit ihren 1,3 Millionen Einwohnern nach wie vor als Dorf bezeichnen.

Ein Buch für Einheimische, »Zuagroaste« und andere München-Fans - mit allem, was sie über München und seine Geschichte wissen sollten.

**»Wer auf dem neuesten Stand sein will, dem sei Monika Dimpfls Biografie wärmstens empfohlen.«**
*Süddeutsche Zeitung*

**Monika Dimpfl**
**Karl Valentin**
Biografie

ISBN 978-3-423-**24611**-8

In Amerika nennt man ihn den Charlie Chaplin Deutschlands, in zahlreichen Ländern werden seine Stücke gespielt, und bei uns weiß jeder, was mit der Bezeichnung »valentinesk« gemeint ist. Sein Buchbinder Wanninger, der von Hinz zu Kunz geschickt wird, nur weil er eine Auskunft will, erweist sich gerade im Zeitalter der Callcenter als unsterbliche Figur. Das lange, dünne Humorgespenst und seine Partnerin Liesl Karlstadt demontierten mit ihrer Sprachakrobatik die Wirklichkeit nach allen Regeln der Kunst.

Monika Dimpfl ist eine Expertin, die das Phänomen Valentin biografisch, literarisch und historisch von allen Seiten beleuchtet.

**»... Die Biografie wird zur Fundgrube für Valentin-Kenner und Ahnungslose ... Dimpfls Buch ist darüber hinaus spannend, weil es Münchner Historie lebendig werden lässt.«**
*Münchner Merkur*

**»... Ganz langsam schält Monika Dimpfl das Bild des Menschen Karl Valentin aus der Werkgeschichte heraus.«**
*Frankfurter Allgemeine Zeitung*

## Kleine Philosophie der Passionen

Christian Ude

**Stadtradeln**

ISBN 978-3-423-**34232**-2

Radfahren kann – symbolisch gesprochen – katzbuckeln nach oben und treten nach unten bedeuten, Radfahren kann eine eiserne Sportdisziplin sein oder auch – als Mountainbiking – eine Fun- und Trendsportart. Mit all dem hat der Münchner Oberbürgermeister Christian Ude nichts im Sinn. »Stadtradeln« ist etwas vollkommen Anderes: Radfahren aus purer Genußsucht, urbaner Bewegungsfreude; Herumstöbern in der Stadt, nicht nur auf ihren Touristenpfaden und Hauptverkehrsstraßen, die jeder kennt, aber stets mit freier Sicht auf Jugendstil- und Gründerzeitfassaden, die Autofahrer nur vom Hörensagen oder aus Bildbänden kennen. »Stadtradeln«, das heißt auch, eine Stadt mit allen Sinnen zu spüren und zu erforschen.

**»Ude läßt auf humorvolle, ironische Weise den Leser an seinen Erfahrungen als Pedalritter teilhaben. Und ganz, ganz langsam wird bei seinen anarchistischen Streifzügen kreuz und quer durch Quartiere, Seitenstraßen und Grünanlagen klar: Der Mann ist nicht nur ein Überzeugungstäter, er ist ein Desperado auf zwei Rädern.«**
*Lübecker Nachrichten*

**»Wenn doch einer so ein Buch auch über Berlin schriebe, so liebenswürdig, so schrullig und so beglückend.«**
*Berliner Morgenpost*